古典文獻研究輯刊

三七編

潘美月・杜潔祥 主編

第39冊

散見宋金元墓誌地券輯錄六編

周 峰 著

國家圖書館出版品預行編目資料

散見宋金元墓誌地券輯錄六編／周峰 著 -- 初版 -- 新北市：
花木蘭文化事業有限公司，2023〔民 112〕
目 6+162 面；19×26 公分
（古典文獻研究輯刊 三七編；第 39 冊）
ISBN 978-626-344-502-4（精裝）
1.CST：喪葬習俗 2.CST：中國
011.08   112010536

ISBN-978-626-344-502-4

古典文獻研究輯刊
三七編　第三九冊　　　　　ISBN：978-626-344-502-4

散見宋金元墓誌地券輯錄六編

作　　者　周峰
主　　編　潘美月、杜潔祥
總 編 輯　杜潔祥
副總編輯　楊嘉樂
編輯主任　許郁翎
編　　輯　張雅淋、潘玟靜　美術編輯　陳逸婷
出　　版　花木蘭文化事業有限公司
發 行 人　高小娟
聯絡地址　235 新北市中和區中安街七二號十三樓
　　　　　電話：02-2923-1455／傳真：02-2923-1452
網　　址　http://www.huamulan.tw 信箱 service@huamulans.com
印　　刷　普羅文化出版廣告事業
初　　版　2023 年 9 月
定　　價　三七編 58 冊（精裝）新台幣 150,000 元

散見宋金元墓誌地券輯錄六編

周峰 著

作者簡介

周峰，男，漢族，1972年生，河北省安新縣人。中國社會科學院民族學與人類學研究所研究員，歷史學博士，博士生導師。主要從事遼金史、西夏學的研究。出版《完顏亮評傳》《21世紀遼金史論著目錄（2001～2010年）》《西夏文〈亥年新法·第三〉譯釋與研究》《奚族史略》《遼金史論稿》《五代遼宋西夏金邊政史》《貞珉千秋——散佚遼宋金元墓誌輯錄》《談金：他們的金朝》等著作22部（含合著），發表論文100餘篇。

提　　要

　　本書為《散見宋金元墓誌地券輯錄》的第六編，共收錄宋金元三代的墓誌、地券100種，其中宋代78種，金代4種，元代18種。每種墓誌地券內容包括兩部分：拓本或照片、錄文。拓本及照片絕大部分來源於網路，大部分沒有公開發表過。墓主大部分為不見經傳的普通百姓，為我們瞭解宋金元時期民眾的生活提供了第一手的寶貴資料。

目次

凡　例

一、本書所收宋金元三代的墓誌、地券的拓本及照片絕大部分來源於網路，
　　大部分沒有公開發表過。

二、本書內容包括墓誌地券拓本或照片、墓誌地券錄文。

三、所收墓誌地券皆另行命名，以避免原題繁瑣缺名的情況。墓誌地券原題
　　皆在錄文中出現。

四、錄文採用通行繁體字，對於字庫中有的繁體字異體字徑直採用，字庫中
　　沒有的繁體字異體字則不再另行造字，徑用通行繁體字。墓誌中現在通
　　行的簡體字徑用原字。個別俗字一律改為正體。筆劃上略有增減的別字
　　一律改為正體。

五、原字不全，但能辨明者，在該字外加框。殘缺不識者，用缺字符號□代
　　替。錄文每行後用分行符號／表示換行，文尾不再用分行符號。

六、墓誌地券原來的行文格式不再保留，徑用現行文章體例。

七、墓誌地券排列順序以墓主卒葬日或刻石日前後為序。

散見宋金元墓誌地券輯錄六編

一、宋尉暉地券　至道二年（996）二月十三日

寧州安定縣九陵鄉辛村／人户尉暉邊賣得闒地一所，合計／長壹拾壹步，闊九步，衙前叁步／半。謹六至如後：／東至青龍，西至白虎，南至朱雀，／北至玄武。上至倉天，下至黃泉。／右件闒地計錢九万九千九百九十／九貫文。出賣已後，一任亡人永恒／為主。書券人石公曺，見人辛道度。／大宋至道二年二月十三日，／賣闒地人尉暉。

二、宋王訪墓誌　　慶曆五年（1045）九月二十七日

宋故朝奉郎、尚書虞部貟外郎、輕車都尉、賜緋魚袋、贈尚書職方貟外郎太原王府君墓誌 /

嗣子前宣德郎、守太常博士、騎都尉、賜緋魚袋揚庭撰。 /

恭惟我府君之王太父諱柔，終太子右贊善大夫。 / 王父諱珪，累贈右千牛衛將軍。皇考太子中舍諱得臣，累贈尚書司 / 封郎中，皇妣曹氏封萬年縣太君。我府君諱訪，字堯詢。景德初， / 以通二經擢第，釋褐銅山尉。丁司封憂，闕補洪州右司理。復丁 / 太君憂，繼為隴、梓二郡紈，以廉幹除太理丞，知武功縣。遂通判縣、鄜、秦三 ［州］，率以平允奉法稱職。歷中舍、殿丞、博士，移知漢州。治尚簡肅，有所更張，□皆便之。先是，今資政侍郎李公若谷典東蜀，故副樞大諫王公靏提 / □□□□□□沉滯，遂出選部。至是，王公守成都，漢實隸之，嘗語僚佐 / □□□□□□多矣，至若清介沉正而能官，則莫如王漢州也。轉尚書 ［虞部］ 貟外郎，秩滿，受代歸。民愛府君之政，多畫其像藏于家。一日，謂 / □□曰：「吾勵志在官，以畏懼自守，未嘗有過。而不登顯仕，固無愧也。今歲 / □□八，宜為休退計，以俟歸老。」遂卜定居于長安，既而趨朝之，明年景 ［德］ 丁丑歲十月十日捐館于京師。夫人杜氏，殿中丞從宜之女，累 / □壽安縣君，進太康縣太君。後府君九年，慶曆乙酉歲二月一日亦 / □終，俱享年六十九。兄弟各三人，或仕或否，具司封誌中。長女適 / □士劉朝陽；次適太常博士毋湜，封永康縣君。孫女長適白水簿張從；次 / □。孫男並幼。府君質性嚴整，幼於帬從中最謹厚。歷官奉清白之訓， / □以吏事自任。平心遇物，不為毀譽所移。歲當舉官，非孤進不許。然善容 / □過，雖子弟不斥言。他日因語之，使知其短。故多以吉人稱之。贈尚書職 / 方貟外郎。揚庭泣血扶力以舉葬事，嗚呼哀哉！罔極鞠育之恩，無以 / 報矣。惟恭叙其事實，以傳于家，復刻石為誌于壙中曰： /

有宋慶曆之五年九月二十有七日，節正孟冬，日惟己酉。奉 / 尊靈從司封府君、萬年夫人于京地府萬年縣鴻固郷韋 / 曲北原之新塋，歸真宅也。子孫保之。 /

進士解述書，字學趙保和刻。

三、宋文彥若墓誌　皇祐三年（1051）十月七日

宋故奉寧軍節度推官、承奉郎、試大理評事知／乾州奉天縣事文府君墓誌銘／

承奉郎、守太常博士、充史館檢討張芻譔。／

府君諱彥若，字公順，汾州介休人。幼聰警博學，／有詞章。季二十，策進士丙科，除平定軍判官。以／父主客廉察河東，避親去職。景祐四季九月，丁／主客憂。祥除，補奉寧軍節度推官，次知隴州吳／山縣。歲踰，以兄為秦鳳路經略使，改／知乾州奉天縣。未之官，以疾終于秦之府署，旹／秋三十一。皇祐二年，兄司冢宰率百／官從天子祀合宮，發大號。／曾王父贈太傅，王父贈太師，／顯考贈太師、中書令。三年十月七日乙酉，奉／君之柩，窆于令公之地中，其地實河／南府伊闕縣教忠鄉積慶里，礼也。先配成氏，無／子。銘曰：／

有奕崇山，下兌其室，是維億萬年，／無震厥寧。

宋故奉寧軍節度推官承奉郎試大理評事
乾州奉天縣事文府君墓誌銘
承奉郎守太常博士充史館檢討
府君諱彥若字　汾州介休人幼聰警
有詞章年二十舉進士丙科除奉寧軍判官以
父主客廉察河東避親去職景祐四年九月丁
主客憂祥除補奉寧軍節度推官次知隴州吴
山縣歲餘以　兄為秦鳳路經略使改
知乾州奉天縣未逾官以疾終于秦之府署
秋三十一皇祐二年　兄司家宰率百
官從　天子祀合宮發大號
曾王父贈太傅　王父贈太師
顯考贈太師中書令二年十月七日乙酉
君之柩窆于　令公之兆中
南府尹闕縣故兜鄉積慶里禮也
子銘曰
有奕嵩山　下見其室
無震厥寧

四、宋歐十五郎地券　治平元年（1064）十一月十一日

額正書：地契為憑

維治平元年歲次甲辰十一月壬戌／朔十一日，即有撫州臨川縣延壽／鄉上舍保殁故亡人歐十五／郎行年五十二歲。天降大禍，命婦泉／府。今用錢才酒菓抮開皇地主及／五土明王買得丙向地一穴。／其地東止甲乙青龍，南止丙丁／朱雀，西止庚辛白虎，北止壬癸玄武。／上止青天吉星，下止黃泉水口。中／央戊己當心下穴，永作亡人万年山／宅。急急如太上律令。見人張坚固，／保人李定度，書人天官道士。

五、宋陳氏墓誌　熙寧五年（1072）十一月二十七日

　　陳氏夫人，永嘉陳君銳之／女，安固葉君思順之妻，琮、／珣、璣之母。熙寧三年十月／十九日卒，用五年十一月／二十七日葬于清泉鄉家／之北山葉君墳之右。謹記。

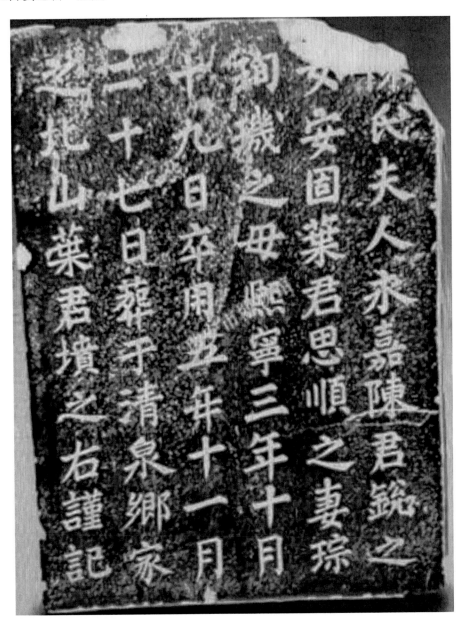

六、宋孫十八郎地券　熙寧五年（1072）十一月二十八日

額正書：富春孫十八郎地券一所

　　維巨宋熙寧伍年歲次壬子十一月丙午朔二十八日癸／酉，歿姑富春十八郎先厝山陵，風水不便，後用遷／更，專謀吉地。再用錢九千九百九十九貫文，扵開皇／地主邊買得申山寅甲向地一穴。東止甲乙，南止丙丁，／西止庚辛，北止壬癸。上止皇天，下止皇泉。交与亡人，永／爲塚宅。若有金銀珎寶，並屬亡人。況有前亡後妄／有爭占，分付玄當。誰為書，天上。誰為讀，水中魚。／鶴何在，飛上天。魚何在，入深泉。文書朽爛，不／在追尋之限。急急如太上律令。／保人張堅固，見人李定度，／書人天官道士。

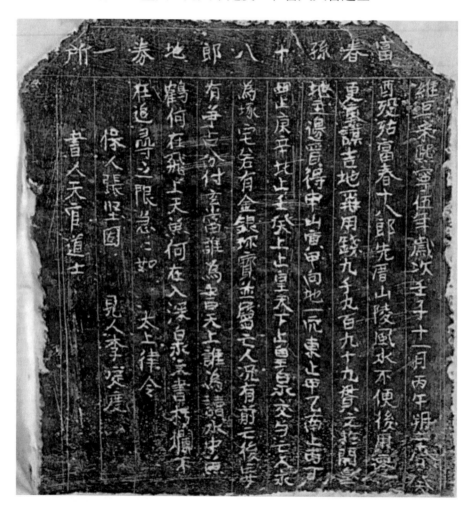

七、宋劉氏墓誌　熙寧七年（1074）八月十九日

誌蓋篆書四行：宋故安／康郡太／君劉氏／墓誌銘

宋故安康郡太君劉氏墓誌銘并序／

將仕郎、守太子中允、舘閣校勘、崇政殿說書呂□卿撰。／

朝散大夫、尚書庫部郎中、上柱國、賜紫金魚袋寇諲書并篆蓋。／

太君姓劉氏，祥符人，幼歸二／太師、中書令、尚書令、秦國王公。性恭願和順，凡女功無不通解。／而憂思深遠，勤勞不懈，以能左右中饋之事。生一子，曰益柔，為／諫議大夫、知制誥。始封永安縣太君，改封壽光。熙寧五年，進／封安康郡太君。嘗誨其子曰：／天子神聖，拔汝久困之跡，實之從官，可謂厚矣。非忠誠瘁盡，不／顧其私，何以為報哉！奉佛祇嚴，暮年苦足疾，亦策杖扶掖，旦旦／詣精盧燔香瞻拜。居則課□紉縫不少休。或以勞心損目言者，／曰：「吾自樂此，不為苦也。」視□□幼稚一响以慈，雖或內弗善，終／不以聲色加之，然必有以悟其心者。或勸宜加責怒，乃曰：「吾欲／其自愧悔而懲之深也。」始終一德，家用寧康。熙寧七年五月丙／辰，以疾終于京師，享年七十八。前此月餘，力疾詣佛舍懺悔，又／召比丘尼誦經于前。臨終神明不亂，約束家事如平居，嗒然而／化。即以其年八月甲申，歸葬／秦國公之墓次。銘曰：／

坤德光大載物廣，母儀體之均愛養。／治家有道匪威賞，悟以正容善滋長。／上下雍睦顏是仰，家道以肥心克享。／壽不百齡德言枉，六親淚泉灑穸壤。

張琇刻。

宋故安康郡太君劉氏墓誌銘并序

特仕郎·守太子中允館閣校勘崇政殿說書呂𡗉卿撰

朝散大夫尚書庫部郎中上柱國賜紫金魚袋寇諲書并篆蓋

太君姓劉氏祥符人幼歸二

太師中書令尚書令泰國王　性恭愿和順凡女功無不通解

而憂思深遠勤勞不憚以能左右中饋之事一子曰益柔為

諫議大夫知制誥始封永安縣太君改封壽光熙寧五年進

封安康郡太君嘗誨其子曰　幼稚一响以慈雖或內串善終

天子神聖拔汝久困之　師寔之從官可謂厚矣非忠誠盡不

顧其精廬爇香晏居則課以佛祗暮年苦足疾栾栻扶掖旦

諸盥不少休或以勞損目言者

日吾自樂此不為苦也視其外必有悟其心者或勸宜加責慈乃曰吾欲

不以聲色加之必有悟其心德家用寧康熙寧七年五月丙

其自愧悔而愍之深也始終一德家用寧康熙寧七年五月丙

辰以疾終于京師享年七十八前此月餘力疾供合懺悔又

召比丘尼誦經于前臨終神明不亂約束家事如平居哈然而

化即以其年八月甲申歸葬

泰國公之墓次銘曰

坤德光大載物廣　母儀體之均愛養

治家有道匪威賞　悟以正容善滋長

上下雍睦顏是仰　家道以肥心克享

壽不百齡德言炡　六觀涙泉灑穹壤

張璵刻

八、宋李氏墓誌　熙寧八年（1075）四月二十四日

宋故司农少卿、□□□、金紫光禄大夫、尚書工部侍郎王公夫人金城縣 / 太君 / 李氏墓誌銘 /

朝散大夫、右諫議大夫、充集賢院學士、史館修撰、宗正寺修玉牒官、 / 權判尚書都省、判祕閣、上護軍、常山郡開國侯、食邑一千五百户、賜 / 紫金魚袋宋敏求撰并書。 /

諸王府侍講、朝奉郎、尚書度支員外郎、充集賢校理、騎都尉、賜緋魚 / 袋鄭穆篆蓋。 /

夫人江左著姓，世有榮仕大門，始歸李朝，處環尹之列。父諱 / 緒，舉進士，後繇其甥丞相文穆王公奏補為右侍禁。夫人生京師，幼喪其 / 母曾，夫人哀慕不食，有成人之風，見者咨歎。及長，柔懿謙愨，推重宗黨。樞密 / 相文康王公嘗宰明州定海縣，與侍禁布韋之舊，且俱官澗東。文康 / 為冢子故司農少卿致仕、贈尚書工部侍郎諱益恭擇配，夫人既笄 / 而有歸。佐餕，承祭禮，無違者。文康在侍從，博究書史，夜艾方就寢。侍 / 郎與夫人乃敢還子舍，率以為常。而侍君姑石、寇二夫人朝夕左右， / 未始小忤其意。協和姻戚，撫育稱幼，內外莫不宜之。天聖間，文康貳宰政， / 夫人中參禁廷，章獻太后賜以冠帔之飾。歲時慶賀，預外命婦。從夫封 / 金城縣君，從子即李縣為太君。日誦內典，復憙施惠。其遊觀音樂，非所好也。閨 / 門清肅，未嘗見其喜慍。侍郎沖識勇退，慕琅邪邴曼容之為人。年甫知命， / □謝事居家，養志自修，亦夫人勸義之助。寔享偕老，起居康寧。既哭畫凡 / □更歲，以熙寧六年□月癸亥，終于西京思順里之舊第，春秋八十有一。二男 / 子：慎言，司農少卿；慎行，國子博士。三女子：長適大理寺丞楚楷；次適殿直高昉； / 次適太子右贊善大夫張保常。少農純孝謹節，人倫東國。自二尊艾髮，仕 / 官不遠里中，優游膝下，以奉顏色。朝廷嘉其誠，婁聽官于洛。再執親喪， / □痛臁然。而博士亦至性加于人，□紳美之。八年四月乙酉，始奉帷裳，葬河南 / □□原，祔侍郎之墓。嗚呼！夫人始終之德，吉善之報，蓋人道備矣。 / □孤謁銘史官，以信于後。曰： /

服勤圖史，從母而令。逮事舅姑，宜家而盛。 / 懽養無違，翼子而慶。遐福純終，歸全而正。 / 右穀後芒，閟茲陰堂。固安其藏，刻銘有光。

宋故司農少
李氏墓誌

故光祿大夫尚書工部侍郎王公夫人金城縣太君

朝散大夫右諫議大夫充集賢院學士史館修撰宗正寺修玉牒官
權判尚書都省祕閣上護軍常山郡開國侯食邑一千五百戶賜
紫金魚袋宋敏求撰并書
諸王府侍講朝奉郎尚書度支員外郎充集賢校理騎都尉賜緋魚
袋鄧□篆蓋

夫人江左著姓世有榮仕
曾祖諱□丞相文穆王公□□
母曾祖諱成人風見者咨嗟及長篤□
未始以家乃和姻戚□□□□尚書
而與小子故寧明州定海縣□贈尚書
為府佐中□夫君即本縣□君諱□□
康□定□禮□□□□
緒舉進士後□□□相

相王公秦補□右侍禁□□□
本朝庶孫尹之列□□□
大門始歸為□□□□□
侍郎諱□□□□□□
□人□□□□□□
□□□□夫人生京師父諱康
□□□□□□□□夫人既笄
□□□□□□□□文康封政

金城縣君□夫人乃□
清肅司農□本縣喜□
謝言從事□□□□
慎言右□六夫□□
更歲□□張保□□
不遠□□□□奉顏色
子通太子右贊□□
次子□□□□以信郎行□
□□□□國子博士三女□□

□□□□□終于西京勤義
而始□太后賜內□典□□
□□□□□之助施惠□□
□□□□慶琅邪□是□□
□□□□□書舍□觀樂□□
□康□太后賜內□□□□
□誦內典□□□□□
諸□冠□□□退□墓□□
孝謹□即大理寺丞□□

夫人之□
朝廷□□嘉里之德吉□
八年四月乙酉始奉□
惟□崇葬河南□□
適□父親喪仕□□
知一二□□□□
始□男□□□□
二尊□執□□□備矣

遣事易□姑
退福純蹊
厥□□□□
銘石叙□□

□□□□□史
□□勤國史□信郎□後
懋養無遺□□□□
□□□□從姆而慶
□□□□□□翼子□□
石叙□封□□
宜歸金□而□正
蜀銘有光

九、宋朱小七郎地券　　元豐四年（1081）六月一日

額正書：地券如前

維元豐四年歲次辛酉六月丙辰朔／初一日丙辰，即有撫州臨川縣新豐鄉／敬順里西營保殁故亡人朱小七郎／行年四十九歲。天降大禍，命歸泉府。今用／錢才酒菓於五土明王及開皇地主買得／丑艮山丙向陰地壹穴。其地東／止甲乙青龍，南止丙丁朱雀，西止庚辛白／虎，北止壬癸玄武。上止青天吉星，下止黃／泉水口，中央戊己當心下穴，永爲亡人万／年山宅。急急如太上律令。見人張堅固，／保人李定度，書人天官道士。

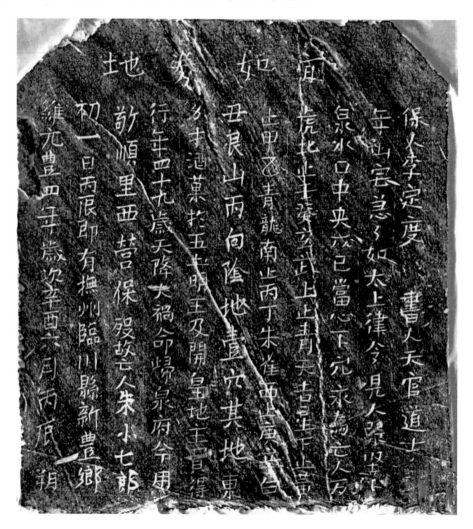

十、宋段十五郎地券　元豐八年（1085）十二月十二日

維皇宋元豐八年歲次乙丑十二月一日辛／酉十二日壬申，歿故亡人段十五郎行年□／十三歲。因往蓬萊山採藥，忽遇仙人，迷路□／而不反。有孝男孝女爲亡父生居室宅，死／向兆域。遂用銀錢千千万万貫扵土名山田，／告開皇地主、武夷王邊買得亥山丙向地一／穴。東至青龍，南至朱雀，西至白虎，北至玄武。／上至皇天，下至皇泉。為千年之靈堂，作万／年之塚宅。乞風水□順，永蔭兒孫。多迎好事，／朱紫盈門，家生貴子。或有此門地頭，八方四／面立占山陵，星宿聞表太一真都／勑下令斷，的不容恕。請三十八將朝佐，二十四位相□。山□地脈風水齊至，青龍白虎朱／雀玄武飛鸞走鳳来送吉祥。金雞報曉，玉狗／持更。墓中令長鎮守，蒿裏老人傳信。童子□嘗居左右，善力從後迎前。助尫岅仙路，送□／返藍開。立造此券，以傳死生。急急如律令。／宋□□。

十一、宋徐遂墓誌　元祐二年（1087）四月十日

額正書三行：宋故 / 徐君 / 墓銘

宋故东海徐君墓誌銘 /

祖諱遂，壺關縣晉庄以農耕為業也。/ 父諱郅，告父曰遊州裏，能事纏萌府於一訓 / 到子孫。君諱遂，謹身節用，以養父母。娶馮 / 氏，長男二人：郅，娶張氏；次男鼎，娶王氏。郅、張 / 氏長孫男曰應，娶李氏，長男一人，女二人。曰 / 立，娶張氏，長孫女一人。女一人，適馮用，次女 / 適李安。曰遂。次男曰鼎，娶王氏，長男一人，女 / 一人。男曰準，娶劉氏，長孫二女二人。次女適 / 雷謹。元祐丁卯二年三月十七日侵疾於家。/ 曰：應车孝心，終禮志節，祈龜兆卜。云：況斯吉 / 慶。擇得元祐二年四月十日，去府城曰五里 / 以来，太平鄉崇仁里前致塋。葬禮以後，子孫 / 相接，万年富貴，常連千歲。塋隨四季开花，墓 / 逐三春放景。耕穴藏之處，故乃刻石而記。/

溫良孝友，惟君之性。賙貧拯疾，/ 惟君之行。有子而孝，惟君之慶。/ 宅兹佳城，其寧惟永。

宋故
徐君
墓銘

宋故東海郡徐君墓誌銘

祖諱遂意闈縣晉庄汾農耕為業也

諱鉅告父諱遂川裏能事經萌府苂

文子孫君諱遂謹身節用以養父母娶馮一訓

到子孫二人郭諱娶張氏次男鉅娶王氏曰郭張

氏長孫男日應娶張氏次男鉅娶王氏二人曰郭

氏長男二男遂次男女一人李婆王氏長女二人女適

立李安日準婆娵一人李一人女長男一人遂馮用二女適

一人男日丁卯娵釗男氏女一女適一人次女

日謹元祐二祖志年三月十七日去城約五里

雪謹辛孝心終二年四月十日卜云俟況於家吉

慶擇得元祐二年四月十日去城約五里

冰未太平鄉業常連千歲隨後花子孫墓

相按万故雷葬宁藏之夒故乃刻石而記

遂三春故景友宅茲佳城有子惟李惟君之

宅茲佳城有子惟李惟君之慶

-17-

十二、宋胡十一娘地券　　元祐二年（1087）十二月二十八日

額正書：胡氏夫人地券

維皇宋元祐二年歲次丁卯十二月己卯朔，臨江軍 / 新喻縣仁義鄉礼信里白沙保 / 歿故胡氏十一娘行年六十三歲。切以 / 生居閻浮，死安宅兆。龜筮叶宜，相地襲吉。今用 / 錢禾香酒共為信幣，於 / 皇天父、邑社稷主邊買得土名早禾坑亥山作巽 / 向地一穴。東止甲乙青龍，南止丙丁朱雀，西止庚辛白 / 虎，北止壬癸玄武。上止 / 皇天，下止冥泉。內方勾陳，分掌四域。丘丞墓伯，封疆 / 界畔。道路將軍，齊整阡陌。千秋万歲，永无殃咎。若 / 有干犯，將軍令長，收付河伯。工匠修塋。克取今月二 / 十八丙午日大吉安厝，外內存亡，永保元吉。奉 / 太上勑，急急如律令。 / 書契人功曹， / 保人歲月主。

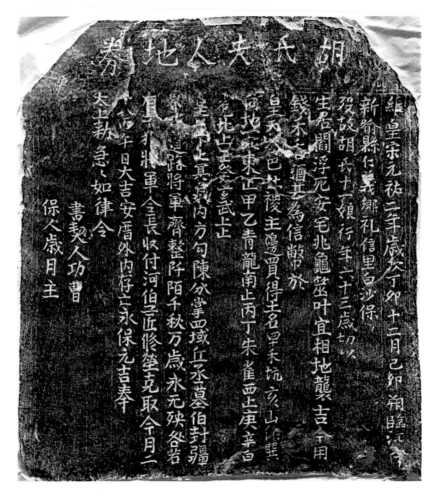

十三、宋何氏墓誌　元符元年（1098）十一月十六日

額正書：宋豫章何夫人墓誌

　　夫人何氏，以天聖九年辛未十二月生，以紹聖三／年丙子八月二十九日卒。後二年改元元符，冬十／一月十六日，其夫黃希道命諸子以其柩窆于長／寧鄉黃臺里舍之北隅，從先兆也。前期，長子泣血／告余，求有以誌其墓。余元配夫人之季女，勢不可／避，乃次其事曰：何氏，豐城衣冠之盛族，家流臺者／累世，夫人其六世人也。以諱朝宗者為父，以諱震／者為大父，以諱霸者為曾大父。夫人生富家，且仕／官族，宜奢也而儉，宜亢也而婉。宜好佚也，而絲枲／紐縫之事終身親之。懿自天稟，故其子若孫、女若／婦率循其訓。由夫而上，几所當事者，皆未嘗失顏／色。撫下以慈，故門內雍雍其和，肅肅其理。黃氏之／家日益肥者，夫人與有力焉。男五人：居祐、居極、彥脩、友直、沾。女二人：孟適何景哲；季與次男先夫人／亡，孫天陟、天與、天昵、仲軻、仲理，應進士舉。夫人及見玄孫十人。銘曰：／

　　先墳之東，所居之北。何氏夫人，／於此卜宅。藏之永年，其萬其億。

　　流臺何當可撰，／新大名府內黃縣尉黃穎書。

宋豫章何章夫人墓誌

十四、宋吳驤墓誌　元符三年（1101）十二月四日

額篆書五行：宋故／濮陽／吳府／君墓／誌銘

宋故濮陽吳府君墓誌銘／
宣德郎、新差知河南府右軍巡院事、賜緋魚袋梁安國撰。／
耀州富平縣丞嚴沆書。／
前寧化軍司理參軍雍宗孟篆。／

府君姓吳氏，名驤，字天驥，潞州上黨人也。曾大父凝，大父誼，父宗古，皆／以商賈自業，而善逐時利，由是為郡大姓。君幼而質朴，不羣兒戲，及長，體貌／豐碩，莊重寡言，寬厚有度量。人有忤己，輒遜以免，不形容色。然恭儉惇固，出自／天性。君生十有三年，父已亡没。既冠，而族人讒牙，不能相容，至有分異其財，／且曰：「此子孱弱，既析，則必破資壞產，立可待也。」君聞之，毅然獨執勞苦，甘齏／糲，未始以一錢妄散，朝夕從事，不敢失其業。遂致資產豐羨，為鄉社雄。君居／常好與射利者遊宴，多淂輸寫其心，故能積貲百倍。鄉人有識者，咸推譽之。屬／國家問罪西夏，而調度不一。君能獨力幹辦，常為諸豪先。君年逾五十，已／能委家事於二子，而一切不問。好植花木飾亭榭，為自樂之計。雅性方正，心無／適莫，淡於接物，生平未嘗言夢，可謂直諒人也。晚年多暇，游道佛宮寺，方且適／性自足，不幸以元符三年九月初五日以疾終於家，享年五十有五。君初娶／侯氏，生男一人，幼亡。生女二人：長適進士郭悆；次適里人張琪。再娶侯氏，生男／二人：長曰衡；次曰衍。二夫人內助居多。繼娶郭氏。孫男一人，曰秉。均習進士。孫／女三人：長許嫁進士張公儀；餘並幼。初，君之喪耦也，累年不圖再議。既而曰：／「吾家聚族雖鮮，而中無可恃。」於是訪求葊年，始淂今夫人郭氏焉。夫人素有閨／閫，婦道母德，冠於鄉閭。遂致家資益贍，內外和裕，上下無間言。雖家人婦子，莫／知其為繼室也。嗚呼！非有識者能之乎。諸孤奉君遺柩，卜以是年十二月初／四日葬於上黨縣五龍鄉賢相里。舉二夫人祔焉。二子既孤，而能竭心力以幹／大事。君之於後，可謂繼承其志矣。余待次絳臺，一日，有友人康潛聖以君／求余為銘，且曰：「吳君，鄉里之善人也。又與予為姻婭，故叙其實而告之。」余／信所述不謬，因按是而為之銘。銘曰：／

人之趨利，金玉是富。以恭存心，不專為務。人之處世，／奢侈是肆。以儉為德，終焉不匱。惟恭惟儉，亘年齡之／永而壽正如此，嗚呼！不在於身

者，而在孫子。

刊者任道儀。

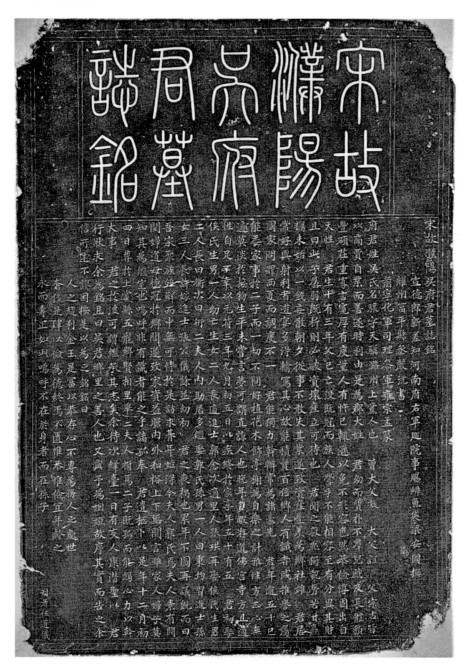

十五、宋周安國墓銘　大觀四年（1110）十月十九日

額篆書：宋周君墓銘

宋周君墓銘

里人張茂譔。／

故者周君諱安國，字平叔，歷代居于撫州崇仁縣鄉之天授，里之懷仁。／曾祖諱矩，祖諱可言，父諱世清，累世繁富，稟德為先矣。／君威貌高嚴，賦性溫厚。孝于父母，友于兄弟。營家產之豐盛，迎賓／侶之精勤。徙喪考妣，順活經年。洎與弟姪義析財產，自建廳堂客／舍、左右廊廡，久已完固。由自外刱軒宇，時資樂性，遐迩推此為美。／君娶陳氏，自全婦道，幸而存焉。子四人：長彥滋，娶鄔氏；次彥真，娶／謝氏；三彥邦，先娶吕氏而卒，再娶羅氏；四彥方，娶鄔氏。各是賢孝之族。／女二人：大娘，妻繆俣，壻先東逝；十娘，妻陳誠。允皆富盛之家。男孫五人，各／親庭訓；女孫五人，厲習箕帚。君卒之日，謂諸子曰：「人委形於天地之中，寧／可逃於死乎！」無疾而終，時大觀三年七月十七日，非遠近親疎，無不傷／嗟善人之亡也，享年五十有八。乃卜次年十月十九日甲寅，葬于里之／土名□恭橋嶺，卯山辛向地。余因至慰沐，至孝悲懇曰：「近卜安厝，／輒為求銘。」深恨鄙淺，以塞孝誠，故立銘矣。／銘曰：／

巴峯聳立巳異位，龍虎回環俱圓備。／前有梅仙鳳皇岡，千古藏君此于是。

後於「銘曰」之後補刻：戊申正月二十六日，改徙于此，沙撫。

宋周君墓銘

里人張茂譔

故者周君諱安國字平叔歷代君于撫州崇仁瞕鄉之天授里之懷仁

曾祖諱□祖諱可言父諱世清累世繁富稟德為先矣

君威親高巌賦性溫厚孝於父母友于兄弟營家產之豐威迎賓

侶之精慧從蓉考姚順活經年而自外翔宇時資樂性遐迩推此為美

君娶陳氏自全婦道幸而存焉子四人長彦滋娶鄒氏次彦真娶

合左右廊庶人巳完因由而平再娶羅氏四卉方娶鄒氏各是賢孝之族

謝氏三卉邽老娶呂氏女孫五人各於天地之中字

女二人大娘妻繆侯壻先東逝十娘妻陳成免皆富威之家男孫五人各

親庭訓女孫五人勵冒箕裘君卒之日謂諸子曰人委形於天地之中字

可逃於死亡巳乎年五十有八卯卜次年十月十九日甲寅葬于里之

送善人之亡巳乎大觀二年七月十七日非遠近親疎無不傷

□□□□□ □山麓向地余因至尉沐至孝悲戀自近卜安厝

軋為永銘深恨鄙淺以塞孝誠故立銘矣

銘曰 庚申正月廿十六日改筮于此沙撫

巳峯傳立巳巽位 龍虎回環俱圓備 前有梅仙鳳皇闊 千古藏君此于是

十六、宋楊延贊地券　政和三年（1113）十月二十五日

正面

維政和三年癸巳歲十月戊申朔二十五日壬申金成日，維大宋国鎮西軍新秦縣永夗庄葬主楊宣，／盖聞乾坤覆載，先有父子，然有目草木而榮謝。其楊延贊本是虢州弘農郡／人也，其家傳九族，累綬纓簪。因放官逐任，至麟州三伯餘年。其楊公今為先世亡冤／久在淺土，白骨冤寒。今於夲鎮東松龍却下得塋地，至□青龍，右有白虎，前有朱／雀，後有玄武。四神居俻，分張四域。道路將軍，齐整阡陌。今用錢万万九千九百九十九／貫九文，就此黃天父、后土母、張坚故邊買得前件墓田地周流一順。東至青龍，西至／白虎，南至朱雀，北至武玄。上至天倉，下至黃泉，四至分明。李定度書文，其地永充宅地。／其得黃泉地下家親妄有侵奪，一定已後，不得番言。若有先悔者，宜伐老烏頭，／白馬生角，焦穀再生，豆黃生苗。為約歲月主且立券，墓伯地户家親立，四神知聞。／伏恐山河改移，地變人更，故立墓至分明。文保人年月時，知人見東王公、西王母，書契人万／功曹，讀契人金注薄。書契人飛上天，讀契人入黃泉。地主張坚故，定壇人李定度。已後庚子／壬申從乾說，一癸向坤求。庚未辰立，辛出巽方□。戊從坎處起，离用巳為頭。／丙向艮門入，丁出兌承流。一木貪一狼星，二巨門星，三武曲星，四文曲星官，／五禄存星，六廉貞星，七破軍星。神呪咒急急如律令。勅。大吉立，四門遊，户主足。／勅。大宋國鎮西軍新秦縣永夗庄清信男祭主楊宣廿葬先祖、上伐家親。故記。

背面

元祐四年歲次己巳十月／丁酉朔二十五日辛酉，大宋／国鎮西軍新秦縣永具庄／青信男葬主楊宣。／十月二十五日男木近馮。／十月二十五日男石近。／十月二十五日朱白男趙。／政和三年月日陰陽劉。

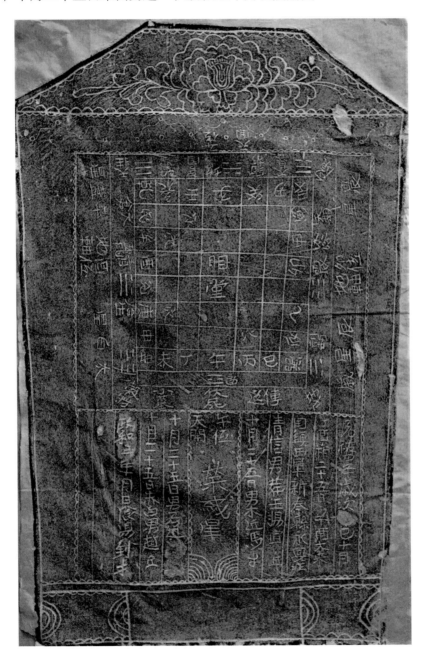

十七、宋秀容縣君趙氏墓誌　政和四年（1114）七月十二日

宋故秀容縣君墓誌銘 /

宣德郎、充國朝會要所檢閱文字張植撰。 /

朝奉郎、新差權發遣河北路轉運判官公事、借緋魚袋張勸書。 /

承議郎、祕書省校書郎、充編脩六典檢閱文字黃伯思篆蓋。 /

夫人，太祖皇帝四世孫贈之州觀察使從質之女，供備庫副使 / 苻守誠之妻，西頭供奉官世美之母。夫人在家時，聰慧婉懿，為父 / 母鍾愛，擇所宜歸。年十八，歸苻氏，封秀容縣君。苻氏族大且貴，夫 / 人事舅姑恪恭，左右服勤不怠，上下胥悅。自其姑喪，即主堂奧，奉 / 時祀垂三十年。卒能以柔順承其夫，母道訓其子，輯睦親屬，隨事 / 取稱，靡有厚薄。御僮使，治貲産，皆有條序。處尊卑間，無不順適。嗚 / 呼！可謂賢矣。夫人以天族之榮，歸勳閥之裔，不尚侈靡，而特以儉 / 素為事。里閭有不洽者，悉賙濟之，唯恐居後。所享宜永，遽嗇其壽， / 以大觀三年三月癸亥寢疾卒，享年五十有七。卜以政和四年七 / 月十二日葬于河南府洛陽縣淘牙村魏王之塋，列于舅姑之次。 / 男一人，世美，效官廉勤，所至以幹治稱。女三人：長適宗室坊州防 / 禦使仲沄，先夫人卒；次適親王字建寧軍節度使孝鷟；次適嗣濮 / 王子右千牛衛將軍仲玶。皆以婦德著聞。孫男三人：思廉、思度、思 / 廣。孫女五人。余與苻氏有葭莩之舊，熟夫人之懿范。其子泣以行 / 狀來請銘，義不獲辭，乃為之銘。銘曰： /

淑哉夫人，警敏和靖。嬪于大家，外柔内正。 / 承夫訓子，循義約禮。薪火告窮，倏焉徂逝。 / 夫其先歸，有室有丘。合葬刻銘，垂譽無休。

十八、宋周氏地券　政和四年（1114）十一月十四日

額正書：周氏地券

有宋周氏，臨江軍新喻縣人，右州糸軍蕭／公諱毅之耦。卒年三十六，時則紹聖丙子／春二月二十二日也。今其子邦彦、邦傑、邦／基以政和甲午年丙子月乙酉日舉葬，祔／于蕭公之墓左，本縣鳳巢鄉化鵬里澧源／萬家堎之原，東山坤向地一穴。東至甲乙／青龍，西至庚辛白虎，南至丙丁朱雀，北至／壬癸玄武，內方戊己勾陳。上至皇天，下至／后土。丘神墓伯，分掌兆域。安厝在中，永無／殃咎。准／太上老君勅，急急如律令。／書契人功曹，／讀契人主簿，／知見人歲月主，／保見人今日直符使。／梁瓊刀。

十九、宋裴青墓磚　政和五年（1115）三月七日

政和五年三月七／保安軍裴青尸／病院安吉，甲子西……

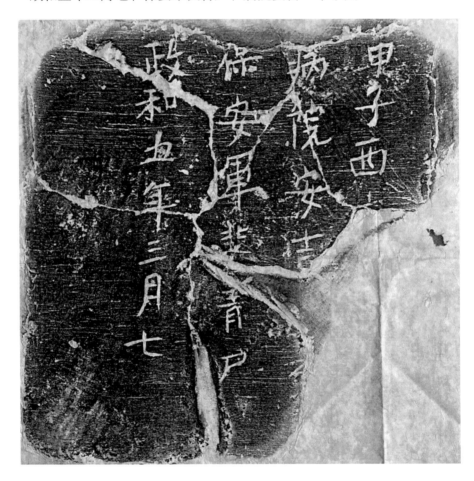

二十、宋魏宜墓誌　政和八年（1118）閏九月十二日

　　三川散人魏宜字義夫，世為河南人。曾高而上，皆 / 以儒登仕籍。曾祖諱廷寶，守祕書省校書郎。祖諱 / 知微，樂道不仕。父諱叔平，任大理寺丞。曾祖妣皇 / 甫氏，祖妣席氏，妣湯氏。予自幼讀書學文，隨羣衆 / 干禄，三試鄉舉不一貢，顧時命屯甚。乃棄俗學，閉 / 戶取前聖書，窮其旨歸。十年始得扵言象之外，日 / 用扵動靜語默者，此道也。予生羈孤，扵世蓋知所 / 謂誠而已。顧世機械，與物俯仰，非直不為不能也。 / 木之樗以不材而全其生，我實類焉，故自号曰樗 / 翁，著《樗集》十卷藏扵家。維山之陽有田數百畝，朝 / 昏之湏取具焉。雖貧甚，無求扵人。視淡泊枯槁，吾 / 中泰然自足。娶席氏，朝議大夫諱公弼之女，卒二 / 十年。子二人：長曰牧，今亡矣；次曰稷，業儒，以世其 / 家。女二人，皆適仕族。孫男二人：曰復，曰泰。孫女三 / 人，皆幼。予生淡，无外慕，室惟五世書。一子二孫，緣 / 合則聚，離則散。世俗好著，吾今脫焉。噫！暫寓之形， / 終扵有盡。今老且病，行蛻而逝，則予之行藏始終 / 當示扵後。故書其大槩，以藏扵墓云。政和八年九 / 月九日卒，享年七十有七。以閏九月十二日葬于 / 河南府洛陽縣上店村先塋之次。 /

　　河南魏義夫安貧樂道，有常德君子也。仁扵鄉 / 黨，信扵朋友，好學不厭。故無所不通，而又有自 / 得者，知命之窮，不苟進取。居陋巷，菲飲食，恬然 / 自樂，無求扵人。既老且衰，又知死生之際，自叙 / 行藏始終。將逝，神識不昧，言不及他，可謂達矣。 / 介同姓，平昔與之友而尊事焉。觀義夫所養，外 / 物無足以累其心，豈有意當年来世之知耶！介 / 扵義夫可以忘言，然復書此者，蓋知義夫之善 / 不可蔽，聊申朋友相與之義，以慰孝子無窮之 / 思而已。義夫享年卒葬，續扵自為文後。伊川退 / 叟魏介題，門生河南富直柔書。 /

　　袁异刻字。

二十一、宋夏侯三十二郎地券　宣和三年（1121）十月二十九日

額正書：地券文

維宣和三年歲次辛丑十月壬辰朔二／十九日甲申，户属袁州分宜縣神龍鄉鍾／山里武頭南岸下坊保殁故亡人夏侯三十／二郎，行年六十四歲。於己亥年九月十八日壽／限永終，至今六十六歲。大祥已滿，不可久停。今用／錢禾就皇天父、邑社稷主邊買得本鄉地名／陂灣，初㵼丙水長行，次轉南离落穴，坐丙向壬。初／㵼元辰，水轉癸大，水正㛒壬癸軋流，後㛒東甲而／行，以安宅兆。其地東止青龍，西止白虎，南止朱／雀，北止玄武。上止青天，下止黃泉。已上方闊一伯／二十步，並属亡人夏侯三十二郎永為山宅。財／地各相交付訖，工匠脩塋安厤已訖，後保元／吉。知見人歲月主者，保見人今日直符，書／契人功曹，讀契人主簿。若有居者，永避万／里。如違此約，地府主吏日當其有。故氣邪／精，不得干忤。主人内存外亡，安樂吉昌。急急如五帝女青太上律令，勑。

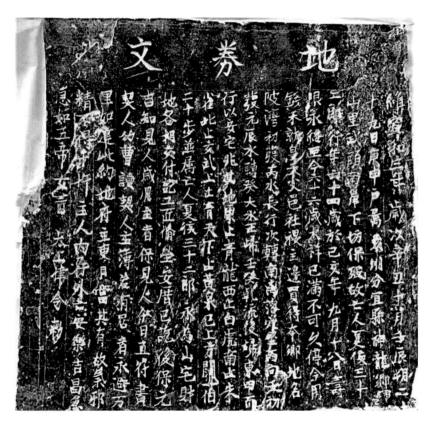

二十二、宋胡七郎地券　宣和六年（1124）七月九日

額正書：地券牒

維皇宋宣和六年歲次甲辰七月朔丙子初九日／甲申，今據南瞻部洲大宋國江南西道新／俞縣鍾山鄉鍾山里延步水南下坊保，今有歿故／亡人胡七郎行年四十二歲。忽被泰山所召，閻／羅帖□，壽限永終，死歸黃泉。今用白紙錢禾／玖万玖阡玖貫玖伯玖拾玖文玖分玖厘，就／地主東王公、西王母處買得封疆界畔地名白竹臺坎山丁向千年壽地一穴。東止青龍，南止朱雀，西止白獸，北止玄武，各壹伯貳拾步。上／止青天，下止黃泉。已上將與亡人胡七郎永／為壽地，千年不動，萬年不移。所有五方魖／魅魍魎、古塚伏屍不得干犯。如違，收付／太上封刀寸斬，的不虛行。急急如律令。保見／人張堅固，時見人李定度，書契人功曹，讀人主簿。

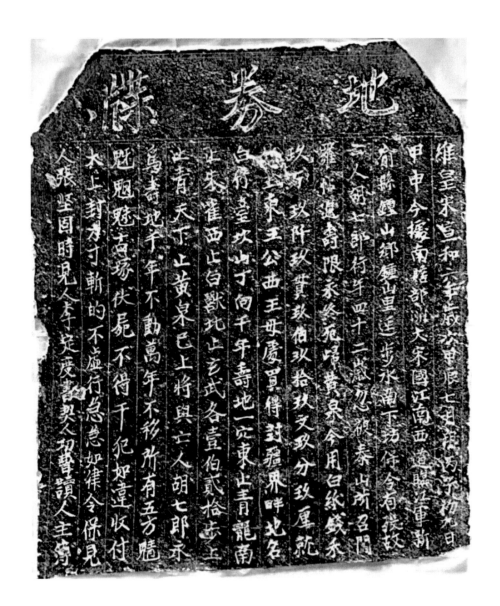

地　券　牒

維皇宋宣和元年歲次己亥閏七月丙寅朔初九日
甲申今據南贛郡州大宋國江南西道贛江軍新
淦縣鍾山鄉鍾山里迎步水南下場伏宅有故
一人國七郎行年四十二歲忽被泰山所召問
羅邰遣壽限未終死喝黃泉今用白絲錢承
玖阡玖阡玖貫玖佰玖拾玖文致分致厘就
山東王公西王母慶買得封疆界畔也名
上承崔西止白獸北上玄武各壹伯貳拾步王
止青天下止黃泉巳上將與亡人胡七郎承
為壽地千年不動萬年不移所有五方魑
魅魍魎伏屍不得干犯如違收付
太上封丹寸斬的不虛行急急如律令保見
人張堅固時見人李定度劁契人紹聲讀人主簿

二十三、宋揭九郎地券　靖康元年（1126）閏十一月二十五日

額正書：揭公量地券

維皇宋靖康元年歲次丙午 / 閏十一月二十五日丙辰，即有 / 寧鄉張燸里孝男揭宗強偕弟 / 姪等用錢財采帛約計九千九 / 百九十九貫，於開皇地主邊買 / 得東堂坎壬山丁向地一穴。地 / 東止甲乙，南止丙丁，西止庚辛， / 北止壬癸。上止青天，下止黃泉。 / 居中一穴，与亡父揭九郎為万年塚宅。墓中什物，係亡人所管， / 地神不得妄來爭占者。保人張 / 堅固，見人李定度，書人天官道 / 士。內外神將，須當擁護。急急如 / 律令者。范明刊。

二十四、宋甘十一郎地契　建炎二年（1128）十一月十二日

額正書：甘十一郎地契

維皇宋建炎二年歲次戊申十一月辛／巳朔十二日壬辰，謹屬江南西路洪州豐／城縣富城鄉同造里心坊保歿故甘十／一郎行年五十七歲。於今年九月初五日忽／然天降大禍，命往泉臺。昨用錢財万／万貫於地名譚家源告白五土地神邊／買得离山壬向地一穴。其地東止甲乙，／南止丙丁，西止庚辛，／北止壬癸。中央戊己，為亡／人塚宅。應有前亡君子、後化女人，並為隣／里。伏屍故器，不得妄來呵嘖。如違此約，送／付汝青。急急如律令。書人天官道士，／保見人歲月主者。

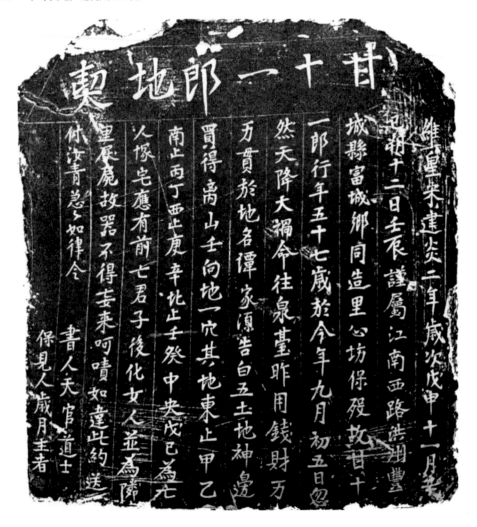

二十五、宋陳三十娘地券　　紹興二十九年（1159）十二月十日

額正書：陳氏夫人地券

維皇宋歲次紹興二十九年十二月一日／辛亥朔初十日庚申，即有抚州崇仁县崇／仁鄉善居里寨下保陳氏三十娘丙辰降生，／行年八十四歲。因遊南山採藥，路逢仙人賜酒／一盃，至今迷覓不返，死在高床。今用銀万／万餘貫，問開皇地主边買得橋頭丁／山癸向陰地一穴。其地東止甲乙，南止丙丁，／西止庚辛，北止壬癸。上止皇天，下止黃泉。／見人張堅固，牙保人李定度。誰為傳，魚／龍。何人讀，高山鹿。鹿何在，上高山。魚在何，／入深湾。奉爲亡人作万万年山宅。如有下界鬼神／不服分付，太上老君誅斬，急急如律令。／紹興二十九年十二月日地券。

據自藏拓本錄文

二十六、宋李二娘地券　乾道三年（1167）十一月二十日

　　維皇宋太歲丁亥乾道三年十乙月二／十日，建昌軍南城縣雅俗鄉訓俗里南／團裏塔上保歿故李氏二娘行年七十六歲，命帰蒿裏。謹用銀錢三千貫於五／方地主邊買得地名黃家坑丑山未向／陰地一穴。東止甲乙，南止丙丁，西止庚申，北／止壬癸。上止青天，下止黃泉。丘丞墓伯，／各占一百二十步，不得四野鬼神争占。保見人／東王公，證見人西王母。誰為書，水中魚。誰為讀，天／上鶴。鶴何在，飛上天。魚何在，入深泉。若要／相尋覓，但来東海邊。急急如律令。

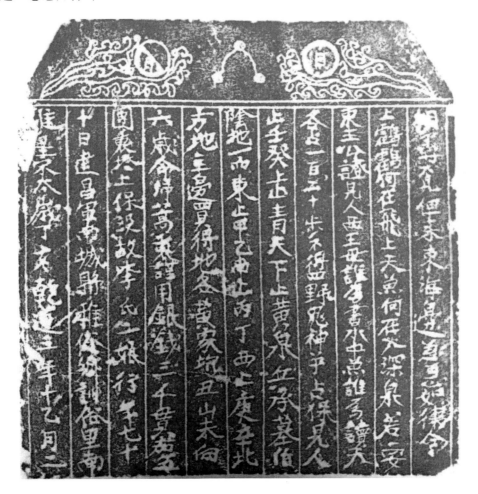

二十七、宋李一娘地券　淳熙十三年（1186）七月一日

維皇宋歲次丙午淳熙拾叁年 / 七月一日丙子朔，即有大宋国江南西道 / 撫州臨川縣長安鄉石羊里荷□下保故亡人李氏一娘，行年五十四歲。/ 不幸於今月初五日身亡，今用銀錢九 / 千九百貫買下艮山丁向陰地一穴。其 / 地東止甲乙，南止丙丁，西止庚申，北止壬癸。其 / 中不得邪神争，如有争占，分付七十二賢 / 先斬後奏。書人天上鶴，見人水中魚。

二十八、宋黃夢弼地券　　紹熙五年（1194）十二月二十八日

額正書：故黃公地券

公姓黃，諱夢弼，字叔永，撫之金谿人。生／於宣和七年乙巳正月十五日，卒於紹／熙二年壬子正月初三日，享年六十有七。／娶周氏，有子三人、女二人、孫五人、女孫五人。／孤子驥等用錢十万貫文，就元黃地主／處買得建昌軍南城縣南城鄉地名厚城／陰地一穴。其地亥山巳丙向，水歸丁，前有丙／巽水朝。永為考君不朽之藏，子孫無／窮之享。故立此以為券。峕紹熙五年／歲次甲寅十二月廿八日甲申，孤子驥立石。

二十九、宋陳氏地券　慶元二年（1196）九月二十日

額篆書：宋故陳氏地券

宋故陳氏夫人地券 /

夫人陳氏，井邑人。及笄，歸嫁于龍門甘，廼祖姑元孫榮 / 仲之妻。自歸甘，婦道嚴肅，箕箒之勤未常少怠，族黨賢之。 / 不幸，榮仲先世。而夫人撿家，愈恭愈節，誨子以守成，而家業 / 潛興。未四年，而夫人相継扵乙夘慶元元年三月十九日以疾終于正 / 寢。子三人：曰三才，曰三俊，以生業顯；三曰日新，丱角讀書，卷不釋手。女 / 一人，継適于舅氏仲子英叔，即儒家之厥裔也。吁！甘陳之族，丗丗相紹，而 / 舉世未有如茲矣。卜慶元二年九月二十日丙申，歸葬于宅之西隅，名曰南園。 / 於是年七月十九丙寅，用錢万万貫，告于土府曰：予母將葬于茲，仰青帝 / 司東甲乙，炎帝掌南丙丁，白帝守西庚辛，水君保北亥子。各主四方，毋令邪魖 / 侵犯此疆尔界。中央黃地君統四獸，以安亡者，光陰陽宅，厥裔克昌，沽葉臾 / 隆，門戶盛大，以保子孫也。故銘曰：/

龍門之源，亘古南園。夫人有德，夙世之源。/ 卜葬于茲，其求無騫。以保後生，子孫綿綿。

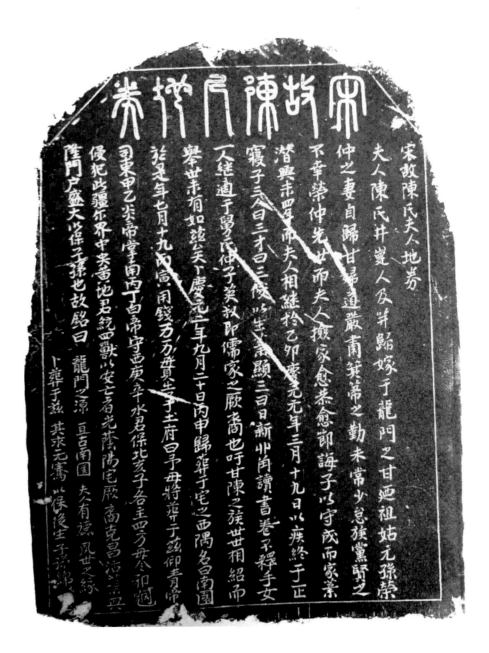

三十、宋范十三娘墓券　慶元三年（1197）二月十七日

額正書：宋故范氏墓券

先妣范氏十三娘生於宣和癸夘，以慶元三年正月／壬辰以疾終，享年七十五。生男二人：長曰彥章，早世；次曰／彥英。長婦范氏，次婦鄭氏。孫男五人：忠信，早卒；光遠、／光祖、光顯、光榮。孫婦四人：甘氏、熊氏、葛氏、范氏。孫女一人，／適同邑吳伯臣。曾孫男五人：仲洪、八三、八四、真寶、八六。曾孫女一人，／真娘。合家孝眷今得吉卜，謹奉靈柩葬于所居山後東北／隅，實當年二月十七辛酉也。孤哀子劉彥英等謹以冥／錢禱于此山之神曰：先妣范氏卜葬于此，從陰陽家說，寅／甲山坤申向，水流酉辛，歸乾長流。東止甲乙，南止丙丁，西止／庚辛，北止壬癸。上止青天，下止黃泉，其中永為范氏之真／宅。無使土崩泉湧，魍魎侵犯，神當以義正之。然後山／奇水秀，蔭子孫世世興旺。無而我子子孫孫歲時／享祀，神其與享之。謹告。

家故范氏墓券

先妣范氏十三娘生於宣和癸卯以慶元三年正月

壬夏以疾終享年七十五生男二人長曰彥璋早世次曰彥

彥英長婦范氏次婦鄭氏孫男五人忠信早卒光遠

先祖光顯光常孫婦四人甘氏熊氏葛氏范氏孫女人

通同邑吳伯臣曾孫男五人仲洪公三八四真寶八六曾孫女一人

真娘合家孝養今得吉卜謹奉靈柩葬于所居山後東北

隅寶當年二月十七辛酉也孤哀子劉彥英等謹以其

錢禱壬此山之神曰先妣范氏卜葬于此從陰陽家說寅

甲山坤申向水流酉辛歸乾長流東止甲乙南止丙丁西正

庚辛北止壬癸上止青天下止黄泉其中永為范氏之真

宅無使土崩泉湧魍魎侵犯神當以義正之然後山

命水秀薩子孫世世興旺無而我子子孫孫歲歲

享祀 神其興享之謹告

三十一、宋熊四六承事地券　慶元四年（1198）十一月二十七日

額正書：地券

　　维皇宋慶元四年歲次戊午冬十有一月 / 甲午朔二十七日庚申，孤哀子熊海式等 / 謹奉先考熊四六承事之柩歸葬于虎頭山 / 之陰。其山自南离來，坐坤申向寅艮。青龍 / 蟠其左，白虎踞其右，朱雀峙其前，元武擁 / 其後。四獸之內，永為亡父山宅。賴尔神 / 守護，禁呵不祥，毋使土崩泉湧。萬有千年，/ 克昌厥後。四時祭祀，神其與嚮之。謹券。

三十二、宋曾氏地券　慶元五年（1199）十月一日

額正書：曾氏地券

維皇宋歲次慶元五年十／月初一日庚申，有孝男鼎／謹以清酌之奠昭告于此間／五土之神：以楊鼎謹擇／吉日，安葬亡母曾氏孺人／于此。其地東震西兌，南离／北坎，各係亡人守占。仰惟／山神土地常切守護，無令／魑魅魍魎不正之鬼妄有／侵犯。歲時享祀，／神亦與之。伏堆／尚享。地券。

三十三、宋黃承事地券　嘉泰元年（1201）八月二十四日

　　維皇宋嘉泰元年八月戊寅／朔二十四壬寅日，大宋國江南西／道建昌軍南城縣南城鄉長□里／陂角保没故黃承事享年五十一歲，／不幸。謹為相厥陰陽，卜其宅兆，偶得□／□之地，已勝牛臥之崗。左之東而右之／西，前自南而後自北，各方六十步，永存／一万年。書契堅固仙人，保見者／天官道士。永集无殭之福，長垂／不替之休，上防人鬼侵争，故／立券文之照證。如律令。

三十四、宋章氏地券　嘉泰元年（1201）九月二十五日

額正書：宋故章氏夫人地券

維皇宋太歲嘉泰元年九月／壬申良日，葬有撫州臨川尽／安鄉東崑保夫人章氏，生于／辛亥六月，卒于戊申七月初／九日。適惠安鄉恭仁里大塘／東保胡文宗，生男一人欽俊，新婦／武氏。孫長曰德隆、德保、德成、德宝、德才，娶／孫婦章氏、刘氏、鄒氏、武氏。女孫十六娘。／今葬于夲里先疇之惻，作未／山丑艮向，以為四向地主。太／歲辛酉九月二十五日，謹題。

三十五、宋李氏地券　嘉泰二年（1202）五月十三日

額正書：地券

維宋嘉泰二年歲在壬戌五月甲辰朔／十三日丙辰，孝夫龔子安謹昭告于羅湖祖塋山原之神：子安不幸，先嬪李氏／以元年九月晦日辭古。謹卜斯辰，克舉／襄事，安厝宅兆，爰淂佳城。顧惟屺地綿／亘，祖自堯王之嶺，曰西兗而落穴，面夘／以為向。蒼洲峙橫，磐山右峙。千條萬列／之山、千源萬派之水奔騰飛動，炳靈昭／異。我亡室居之，盖天設地藏也。惟爾有／神，遏絕魍魅魑魅，驅除豺狼狐狸。使亡／者獲泉下之安，後嗣協康寧之福。歲有／享，時有薦。合食百神，不忘報稱。文券所／示，堅如盟約。惟神其鑒之，謹告。

券　地

維宋嘉泰二年歲在壬戌五月甲辰朔
十三日丙辰孝夫龔子安謹昭告于羅
湖祖塋山原之神子安不幸先嬪李氏
以元年九月晦日辭安謹卜斯辰克舉
襄事安措定兆麦得佳城顧惟此地綿
旦祖自宛王之嶺曰西名而落宠面郊
溪為向蒼洲岺橫醫山右崎于條萬列
之山千源萬派之水夆騰飛動炳靈召
異我亡室唐之蓋天設地藏也惟兩有
神遏絕魑魅魍魎驅除豺狼狐狸使亡
者蔭泉下之安後嗣協康寧之福歲有
時有薦合食百神不忘報稱文券所
示堅如盟約惟神其鑒之謹告

三十六、宋杜世聰殘地券　嘉泰二年（1202）

額正書：□地券

維皇宋嘉泰二年太歲……／日辛未直二十四日大吉之……／府路永康軍導江縣……／杜世聰所估錢九万貫……／□□田邊，四至……／東至震宮青龍，／西至□宮白虎……

三十七、宋陳成墓誌　開禧元年（1205）十一月十四日

宋故陳公居士墓誌 /

公諱成，字子美，生于己丑七月十四日，終于己未十有二月之望。公生前預為 / 偕老身後計，卜宅兆于廣豐雷塘之蛟坑。未幾，賢耦樂氏物故，首葬于右。公獨 / 享年九十有一，既終壽，以所卜之兆去方立向，山運亡運未能盡合陰陽家書。 / 故在殯七更歲籥，逮今協吉，始獲遷奉。其孤嘉謨先期泣請於余曰：「先君歸窆 / 伊迩，以冷族綿力，不能丐銘於當世顯士，欲斲為先君銓次平日行實，以刻 / 諸石，垂示將來。」余固辭以衰耄學迂辭陋，恐不足以發光潛德，反貽泉下所羞。 / 其孤再四，以余與公交契有年，深知先君涉世之迹，能無吝，廼存没之幸。義 / 不獲已，敬承命以書。且公世系遠出於有媯之後，綿歷既久，支分派別，無譜可 / 究。今公世居豫章豐城正信擇良里，曾祖諱餘，祖諱竦，俱晦迹田畝。考諱乘，娶 / 仇氏，賢淑相配。男唯公一人，自幼成童，賦性明敏。早失所怙，偹嘗艱險，幸公智 / 識穎異，練達世務。舉動老成，慮無遺策。經營生理，動輒如意。以兹家資益厚，不 / 數年間，開産治第，煥然鼎新，增光前業。相次創館延儒，陶鑄子姪。每於師席，厚 / 加禮意。而後輩之士，業以修遠。晚節以偏親聖善，年逾九十有七。適朝廷慶 / 皇太后壽，頒詔優老，錫爵疏恩。公廼不靳所費，力干保識，以憑申部，卒使鶴 / 髮之親光膺綸命，榮享孺封。千載一遇，固不易得，皆公篤於愛敬，之所能及。 / 閒居暇日，或有親舊過從，必開樽酒，具黍餚，酣暢歡笑，淹延累刻。談吐之次，多 / 援引經傳，糸以世締，諄複誨喻，而蒙警策者居多。至於處事接物，一切務從公 / 恕。周急濟乏，均及疏戚。無非歘封培陰德，為善後根柢。異時世冑蕃衍，家譽顯 / 著，未必不由殘膏賸腹霑丐而然也。公正室樂氏，庶室王氏，俱勤儉恭謹，多獲 / 其助。有男二人，曰嘉謨、嘉謀。女八人，一尚處室，餘各配名家。男孫四人，曰僑、儀、 / 璨、份。曾玄孫八人。今嘉謨偕仲氏敬卜開禧改元十一月十四日丙申，扶公之 / 柩合葬于樂氏夫人之左，悉從公治命。余之所紀，不能具述，姑敘大槩，以識歲 / 月，庶幾後人有攷云。里人進士胡汝礪謹誌。

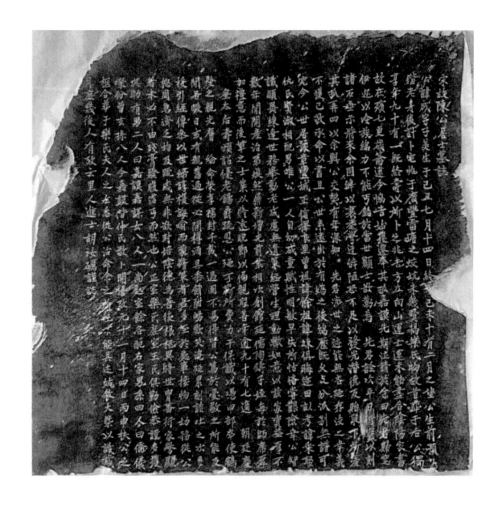

三十八、宋何氏墓誌　開禧元年（1205）十二月二十一日

額篆書三行：宋故／何氏／之墓

孺人姓何氏，世居永嘉。曾大父誼，太中大夫。大父處厚，左中大夫、／直秘閣。父作善，承議郎。孺人，知府公之第五女也。德性婉淑，辭氣／和雅，樂愛琴弈，長於操弄。雖離騷古曲，精意造妙。丰姿清高，明識／過人。知府公以大糸范公成大帥廣，辟為上幕，繼守鬱林，卒於官／廨。孺人年尚笄，同諸幼孤謁于大糸。哀其孝誠，即奉周旋，扶護靈／欛，涉溪洞，經崖島，乃至永嘉，以克襄奉。大丈夫有所不如也。淳熙／三載，適嘉興戶部右曹郎官魯公之孫開，字子先。嘗預漕臺計，偕／太夫人嫠處在堂。日奉甘旨，怡顏相懽，情好無斁。晚年修西方境，／得《金剛般若要旨》，每起無常住念，靜默燕適。子先築圃東湖之濱，／號曰清華。暇日，夫婦侍太夫人携琴弈行，遊豫林泉，其自得也如／此。寶先夏初抵湖上訪子先，未數月，孺人因感微疾，遂以訃聞。八／月十九日，俄忽而逝，絕無一語及人間事。易簀之時，衣衾素具，知／死知生，在叢林中老糸般若者有幾人乎！孺人了了得般若三昧，／可無憾矣！享年五秩，男一人，之誠。以開禧改元十二月癸酉，葬于／清華之原，乃素志也。寶先忝在表屬，謹叙始末，鐫諸堅珉，以納斯／壙。承議郎、通判湖州軍州事魏寶先誌。

孺人姓何氏世居永嘉高曾大父諱六中大夫大父諱左中大
直秘閣父作善承議郎孺人姓附公之第五女也德性婉淑辭明
和雅樂琴奕長於操弄雖離聲古曲精意造妙丰姿清□明於□
過人知府公大条范公成大帥黃辟為上幕繼于蔡林平於□
層孺人□尚幼孤謁于大条其孝誠即奉周旋扶護當□計偕
棺涉□何經崖島抱上水嘉其克家奉大丈夫有所不如也導昵
三載適嘉興戶部右曹郎官曾公之孫開子子先嘗預清室計偕
太夫人燮□在營日奉甘旨怡顏相懽情好無數晚年修西万境
堯百□般苟安目每起無常住念靜默燕行遊豫林泉其自得也如
此□先夏初抵湖上訪于先末戴月□人因感微疾遂以計開八
十九日戲忍而逝絕無一語及人間事易簀之時衣食素具知
死知其在冀林中老交般若者有類父平孺人了了得般若三昧
可無憾矣其年五秋男一人之誠以開禧改元十二月癸酉葵于
墳承諱郡通判湖州軍州事魏實先誌□先恭在表屬謹叙始末鑴諸堅珉以納斯

三十九、宋張三七郎地券　開禧二年（1206）二月九日

　　維皇宋歲次丙寅年二月初一壬子朔，即有大宋國江／南西道撫州臨川縣長安鄉通訓里銅嶺保居住／宋故張三七郎，享年八十二歲。徃南山採藥，路逢仙人／賜酒一盃，因醉而死。用銀錢九千九百貫九十八陌買下／得陰地一穴。在地名梅樹坑，作艮山丁向，水流庚辛。／東止甲乙青龍，南止丙丁朱雀，西止庚白狩，北止／壬癸玄。上止青天，下止黃泉。永為／亡人万年山宅。其中不得邪神爭占，如有邪／神爭占，分付七十二賢先斬後奏。／太上急急如律令，勅。初三日亡，初九庚申日塋。／牙人章堅固，見人李定度，書人水中魚。

四十、宋魯附翼墓誌　開禧二年（1206）八月二十三日

額篆書三行：宋故／魯君／之墓

君諱附翼，字子先，嘉興人也。曾大父壽寧，故任奉議／郎，累贈正議大夫。大父督，故左朝請大夫。父可輔，故／不仕。母陸氏，以君與計偕，該慶霈恩，封孺人。君孝以／事親，弟以從兄，友愛以接弟姪，慈祥以待朋友鄉黨。／刻苦力學，蚤貢名漕臺，踰二十載，志竟不偶。性樂林／園，得爽塏地數畝，面湖山，蒔松竹，即窪為池，即高為／阜，跨水為梁，穿林為徑，堂宇亭榭，景意俱勝，匾榜清／華。時奉親行樂其間，跪捧觴祝千百歲壽。初不以功／名累方寸，而君得疾，訪醫他郡，少留□□日□□／亟不可為也。且顰蹙而言：「吾母老不獲終養，□有遺／恨矣！」開禧二年四月二十八日卒于正寢，享年五十／有二。是年八月壬申，葬于海鹽縣□□東湖之／原，即君築圃之所也。娶何氏，承議郎、知郡作善之女，／先君九月卒。一子，名之誠，未娶。格寄迹湖上，與君游／從久矣。君之喪，諸昆季屬格書歲月納諸窆，顧不得／而辭云。迪功郎、新筠州上高縣丞章格謹誌。

宋故
魯君
之墓

四十一、宋徐氏地券　嘉定元年（1208）九月九日

額正書：地券

維皇宋嘉定元年歲次戊辰九月一／日戊戌朔越九日丙午，豐城縣會昌／鄉孝夫黃如玠謹昭告于西北源神／曰：先室孺人徐氏卜葬扵此，其地／祖自南來，迢迢入丁，坐坤向艮。水流／寅甲，轉卯乙，歸壬癸長流。三端周通，／四顧回環。山水秀麗，略無凶煞，實／亡室之真宅也。左使青龍之蔭助，右／存白虎之徘徊。前朱雀而欲飛，後玄／武而磊落。墓墳寧靜，禁忌隨方。春秋／祭祀，神而共用。謹券。

四十二、宋李念二娘墓碣　嘉定三年（1210）八月二十九日

額正書：宋故李氏孺人墓碣

大宋庚午嘉定三季八月二十九日甲申，隆興府豐城／縣長寧鄉城頭里孤哀子王覺奉先妣李氏念二娘／靈柩安厝于大順鄉塘坑山之陽，在女夫甘聖文／所屋之側，茲惟平素淑蕭鐘積所致。先妣生扵丙午十／月十二日午時，為臨川李公德言女，年十六，歸先君。／虜姒娌，敬宗黨，承尊奉卑，克盡婦道。先君幼失所恃，奉／兄嫂至敬，既娶先妣，事伯母尤謹。析產之日，力勸先君／觸事推遜，先君每然其言。既而先伯辭世，先妣待諸孤／不間長幼，愛甚己子。先君稟性簡慢，惟先妣營理生業，／延礼賓師，未嘗少怠。凡家務猥細，身親其勞。先旦季女／妻黃惟賢，甫二載而女亡，有外孫人傑齒未周，先妣收／哺之。人或誚其癡，則曰：「顧此孤遺如一女存，姑全諸孫／教育，俟其成器，我意願足矣。」今果能教學，旦遂老人素／志。先妣多記詞曲，尤好梵書，傚先君齋素。晚年見先君／旦微疾終，人指為修善之應，自是敬信弥／篤。膺疾之一日，坐歌雪詞一闋，與諸孫婦語笑自若。中／久而逝，當己巳正月二十一日也，得年八十三。子二人：／長覺；次覽，早卒。女三人，皆適名族。男孫五人，女孫三人。／曾男孫五人，曾女孫六人。嗚嘑！覺不學無術，弗敢以／先妣生平懿行乞銘扵立言之君子。姑叙其大檗，昭告／于山川之神，使精魅魍魎毋肆侵凌，百神万靈悉加擁／護。春烁祭祀，神其與享之，俾百千年惟永。覺泣血謹告。

宋故李氏孺人墓碣

大宋庚申嘉定三季八月二十九日甲申陰廟存豐城縣長寧鄉城闕里孤哀子王從奉先妣李氏念二娘靈柩安厝于太晴鄉瞻坑同之源亥之深惟平畤微臺鐘積所就先妣生於丙午十一月十二時為臨川李公德道先考初娶姚氏承祀化事仰母大謹衎達之日力勵生君每先伯母世先妣警理生辜諸孤遇事推遜君言沂布先妣伯母世先妣警理生辜諸孤闕事推遜長切愛甚子先君專性開慢惟先妣警理生辜諸孤調事推遜君言沂布先君專性開慢親其慶則日躬其蠶其先勞先妣賀師末常少忠氏家務細身親其慶則日躬其蠶其先勞先妣不聞長舌先妣有孫人傑齒末周先妣收女延孔賀師末常少忠氏家務細身親其慶則日躬其蠶其先勞先妣妻西賢甫二載而女有孫人傑齒末周先妣收女一女存如全諸孫誦育有俊其成吾代意頭此孤遺如一女存如全諸孫哺之人故諸其嚴則曰蘭此孤遺如一女存如全諸孫誦笑白若母謂其先君先妣多花詞由先好梵書做先男聽年見先君一女存如全諸孫誦笑白若母忘先妣多花詞由先好梵書做先男聽年見先君一女存如全諸孫誦笑白若母散育俊成吾代意頭甚遺此孤遺如一女存如全諸孫誦笑白若母馬搞疾之一日坐歡蘭一闔為諸婦諸孫笑白若母泰育俊成吾代意頭甚遺此孤遺如一女存如全諸孫誦笑白若母編次覽家已紀正月二十一日七得年八十八飄字三人寅名族男孫五人女蟀子三長瞿次覽早亡三人官逮名族男孫五人女蟀子三先姚生平緊行之銘於立言之君子始敘其夫亟咒告曾葬孫王人曾女孫六人為唯不學無術弗散以于山川之神使精靈慰題瑣妬韓優陵百神乃叙其大亟咒告遺奉姚縈花神其為慕之俾百千年惟永覺誠血謹告

四十三、宋吴氏地券　嘉定六年（1213）正月十七日

維皇宋嘉定六年正月己未日，謹昭告于 / 兹土之神曰：孝夫胡晃有此小山，往來行路之□，指為不可耕墾之地，有年于兹。而歲輸王官常 / 有定數，而不可缺。今不幸，妻室吴氏孺人卜兆 / 于此，陰陽家流曰：此固吉地。惟兹土神當為護持， / 没棺之後，無令山精木怪、土妖石孽之類輒來 / 干犯。使亡靈安妥，而吾子孫昌熾。若節春秋來 / 承祀事，則爾 / 神其從與享之。謹券。

四十四、宋刘三八郎地券　嘉定八年（1215）四月二十日

　　有宋嘉定八年歲次乙亥四月庚寅／朔二十己酉日，即有亡過刘三八郎元命／甲戌二月十一午時生，享年六十有二，不／幸於今月十八日身亡。有男刘貴、刘明，／女刘氏二娘、三娘，孝妻徐氏九娘，新婦刘／氏，男孫孫俚，一家孝眷就于住宅庚方安／葬。是用坐辛作乙向，水帰子癸長流，／永爲亡父三八郎万年塚宅。尚賴尔／神森列呵護亡覔，勿愆勿遊，不倾／不崩。千秋万岁，以安以寧。地主張堅／固，證人李定度，書人天官道／士。奉太上玄都律令，謹券。

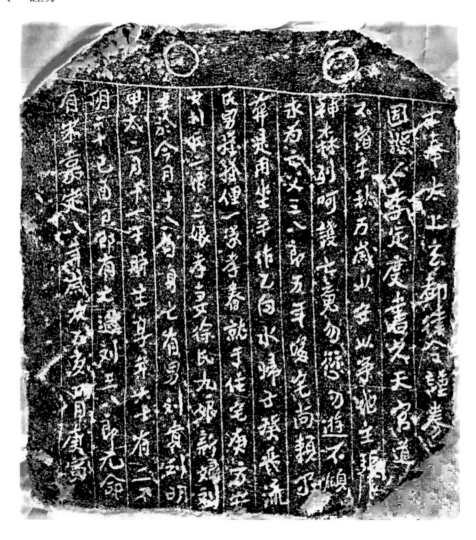

四十五、宋范氏地券　嘉定九年（1216）十月二十三日

額正書：地券

維皇宋嘉定九年歲次丙子十月庚戌／朔越二十有三日壬申，孤哀子陳仲／燠、叔／煒、季熙等奉先妣范氏夫人靈柩窆于／長寧鄉揭原廖方榆栢山之陽。敢泣血哀／告于茲山之神曰：維山龍自艮而來，坐／癸向丁，而水流于丙。青龍回顧，白虎盤護。／朱雀朝迎，玄武雄踞。真我先妣吉藏之／地。既崗阜之清奇，則先靈之所必安也；既／去家之不遠，則子孫展省之必時也。其所／以呵護宅兆，禁禦不祥者，敬以累神。其／後昌榮，則春秋祭祀，亦不敢忘。所以荅／神之休，伐石昭告，神其鑒之。謹券。

四十六、宋王氏壙記　嘉定十年（1217）二月十二日

額正書：宋故孺人王氏壙記

孺人王氏，淦川隱君子壽之仲女也，／母周氏。淳熙甲午五月孺人始生，嘉／泰甲子，歸于清江湖山楊樅吉甫。仰／事舅姑，克全婦道。男俊之、得之業儒，／屢中郡庠首選。三復，師號元正，充／眞宮道職。女二人：長適王應龍；次適／黃大同。女孫一人。孺人賢淑有素，雖／男女皆前室所出，而為畢昏嫁，無不／盡心焉。嘉定丙子八月六日，以疾終，／得壽四十有三。次年二月十二日已／未，葬于茂才鄉沙溪之原，從吉卜也。／敬書昌記歲月云。

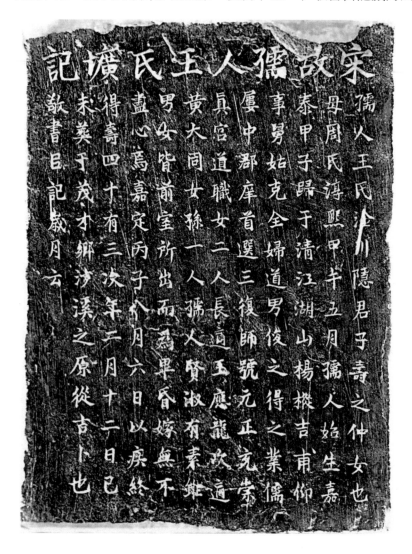

四十七、宋殷應洪之母地券　嘉定十一年（1218）十月八日

額正書：地券

維宋嘉定戊寅冬十月初八日／丙午，孤哀子殷應洪、應龍謹昭告／于石門之神曰：應洪等罪逆深重，禍延所恃，嗚呼痛哉！襄事不克，及／時謀諸通鄉。重惟地岡陵起伏，／龍虎翔踞，水亦環遶，宜為我先／妣孺人之吉藏。爰出橐金，求諸黃／氏而淂之。觀者既然，卜之習吉。日／月孔良，扶柩歸窆。若乃親除妖怪，／實謐先靈，俾安億萬斯年之兆域。／則實惟尔神是望，毋作神羞。至于／歲時来享，則尔亦其從與之。謹券。

地券

維宋嘉定戊寅冬十月初八日
丙午亥□亥子殷應洪應施謹脫告
于右門下神曰慶誤罪逆深童
禍延兩侍鳴童惟痛我豪李不克及
付諫請通得疾坎此園陸起伏
龍虎翔踞永璟遠宜召我先
批孺人之吉藏璽士盡金亦諸黃
艮而滑之觀者皈此卜□習吉曰
麻乳良扶柩歸宅若乃戩除妖怪
則實惟尒神是望毋作神魯至于
岸于東掌則尒六其從輿之謹券

四十八、宋甘氏地券　嘉定十一年（1218）十二月二十二日

額正書：宋故甘氏地券

維皇宋太歲戊寅嘉定十一年十／二月廿二日豐城縣富城鄉□□／里華陽甘氏夫人□□□□六十／而故。吳家坑山□土□土□□之／東，甲艮為祖，坐□向巳，水流□□。／輔挾左右，青龍白虎。前迎後擁，朱雀玄武。所買之地，開皇地主。天官／道士，書契為據。知見者誰，堅固定／度。山川百神，宜加衛護。魍魎山精，／無令肆侮。掃去不祥，二靈安堵。億／万斯年，不憂不懼。孝子世華，至誠／必顧。神之聽之，毋怠斯語。

四十九、宋義軒居士地券　嘉定十二年（1219）正月六日

額正書：地券

維皇宋嘉定十二年歲次己卯正月戊辰朔越六日／癸酉良禳，孝子黃萬悅、萬選、萬頃等謹叩首百拜，昭告于／塔嶺唐朝坡山神曰：惟靈先考義軒居士生於己巳年／五月，壽終壬申歲未盡一日，奄弃榮養。自盖棺在堂，及／權厝之後，已踰七載。日月迅速，大事未終，惟念在茲。偶／於戊寅歲仲冬月，因臨祖考覃恩貢元墳所瞻依，適覩／山奇水秀，嶺岫回環。立義軒居士佳城，貴得生死侍貢元／之側。自戌乾來龍，座坤申，向寅甲，宅兆于茲。伏願安葬之後，龍神擁護，吉宿加臨。妖魔無犯，迅雷不驚。魑魅魍魎，／不敢見形。鬼祟回避，吉神自迎。亡氪泰足，英魄乂寧。春秋／祭祀，切望鑒歆。惟願子孫，代代昌榮。神之聽之，永保光亨。謹券。

五十、宋揭九思之父地券　寶慶元年（1225）十二月十六日

額正書：地券

　　維皇宋寶慶元年歲次乙酉十二月／丁亥朔越十有六日壬寅，孤子揭／九思、九德泣血告于莽黨坡之／山神曰：此山發龍自南而來，疊疊／崇陵，如徃而復。盤植落穴，座壬亥，／面向丙。是為回龍戀祖，顧尾作案。／外則奇峯秀島，如幢節，如誥軸，如／簾幞，回環四繞。水則自穴前歸／艮，轉冢後，屈曲長流。皇考卜兆／于此，今奉靈柩歸焉。惟尔有／神，尚克拱護。相我皇考，永安斯／寢，子孫昌榮。則時思展敬，亦不敢／後乎神也。謹券。

五十一、宋范十四承事李氏地券　寶慶三年（1227）十月二十六日

額正書：地券

維／皇宋寶慶三年十月丁未朔越二十有六日／壬申，孤哀子范日新、日彰謹告于／纏罡山之神：日新今奉／先考十四承事、先妣李氏孺人靈柩安葬于此。艮山行龍，坐／寅向申。前揖澄陂，後枕荷塘。斛坑環其左，楓／林拱其右。相其陰陽，僉以為吉人歸藏之地。／尔神其呵禁不祥而守護之，使／亡靈安于此土而福及後昆。若節春秋來承／祀事，則／尔神其從與享之。謹告。

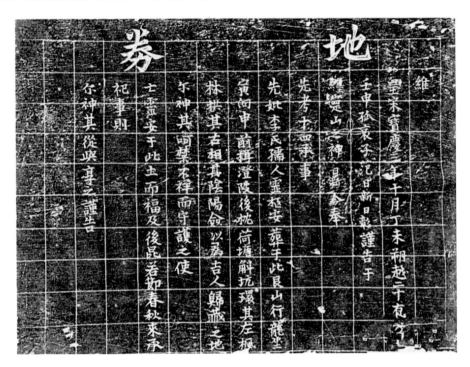

五十二、宋艾氏壙記　　寶慶三年（1227）十二月二十八日

額正書：宋故艾氏夫人壙記

先妣艾氏，撫之臨川後谿人也。生於宋紹興辛亥五月／初七，適先君凡三十餘年。先君諱彥新，字德明，生於／宣和癸卯二月十六，卒於淳熙癸卯九月初九，壽六／十餘。其後先妣畢嫁娶，撫育諸子，又歷三十餘載，以／嘉定丁丑七月廿一日終，壽享年八十有七。子六人，／女六人。去世之日，以亡而不及哭，其喪者有之；以遠／而不果哭，其喪者亦有之。身齊衰者僅半焉。時以年／月不通，越七日，而遂用淺土，因循十載，猶未克終□／事。不肖有罪，豈勝言哉！今以方向通利，燁簡合謀，□／遵治命而葬于屋之東南隅大城山。諸女惟適楊氏／者同其夫椿年在焉，諸孫與葬事者不過五六人而／已，時實宝慶丁亥十二月廿八日也。時世相違，人事／不齊，故紀錄先妣之世系與子孫之名數，往往多略。／姑勒此，識其大槩云。男揭燁簡□石命孫祖□謹書。

宋故艾氏夫人壙記

先妣艾氏撫之臨川後裕人也生於紹興辛亥五
初十適先君廷三十餘年先君諱尹新宇傳明生泰
宣和癸卯二月十六卒於淳熙癸卯九月初九壽六
十餘其淇先妣畢嫁娶撫育諸子又歷三十餘歲以
嘉定丁丑七月北一日終壽事單八十有七子六人
女六人夫人去世之日以亡而不及矣其喪者有之
而不果矣其袭者亦有之身亦未者僅半矣時以
月不通越七日而遂用淺生因循十戴猶未克終
事不孝有罪豈勝言哉今以方向通利燧簡合謀
遵治命而葬于座之東南隅太城山諸女椎適楊氏
者同其夫枯年左焉諸孫與葬軍名不過三六人而
已時年金慶丁亥二月北八日此辟世相
尔脊故紀録先妣之世系與子孫之名教住往後略
姑勤此識其大略云男揭埠拜　　命孫祖　　序

五十三、宋揭氏地券　紹定元年（1228）十一月二日

額正書：地券

皇宋紹定元年十一月二日／壬申，孤哀子章季顯謹昭告于／厚源之山神：以昨用錢置買斯土，安厝先妣夫人揭氏。仗神／威靈，環衛四維，鞏固眞宅。或有／不正不直之魑魅魍魎妄敢侵／犯，神其殛之，無作神羞。春秋祭／祀先靈，神與饗之，以報神德。惟／神默會左右前後一切有位之／神陰扶顯祐，保吾家道昌隆，子／孫繁衍，富貴壽考，五福備全。荷／神之休，更圖後報。急急如律令。

五十四、宋傅氏王氏合葬墓誌　紹定四年（1231）十一月三日

先妣孺人傅氏於戊子年三月二十八日葬于本里汪坊，丁丑年二 / 月二十二日啓攢，與繼先妣孺人王氏合葬于茂才鄉白沙□。俊之等 / 痛惟二妣既固斯藏，陰陽者流僉以地卑土薄，非以妥靈昌 / 後者。用是以紹定辛卯十月二十一日癸酉啓攢，卜取十一月初 / 三日乙酉，奉二柩合葬于隆興府豐城縣長豐鄉七十二都高步 / 東坑之原。癸山丁向，永為宅兆。庵曰東庵，奉以香火，距先君赤 / 江渡塋北隱五里。若夫生平行實，生死歲月，各有墓記在，不復再 / 書。今紀改遷歲月，併納諸壙云。嗣男俊之、世先、三復百拜謹書。

先妣孺人傅氏於戊子年正月□日□□日葬于本里汪坊丁卯年□

月二十二日啓殯與繼妣孺人王氏合葬於茂才鄉白沙嶺□寺

痛惟二姚既固斯藏陰陽者流僉以地甲土薄非所宜安□

後者用是以紹定辛卯十月二十一日癸酉啟殯十一月

二日乙酉奉二柩合葬于隆興府豐城縣長豐鄉七十二都高乡

東坑之原坐出丁向永為宅兆庵曰東庵奉以者大距　先君赤

汪濩塋北隱五里若夫生平行實生死歲月各有墓記在不復

書今紀改遷歲月併納諸壙□云嗣男□後之□先□後百拜謹書

五十五、宋陳繩墓記　端平二年（1235）三月九日

額正書三行：宋故／陳公／墓記

宋故陳公居士墓記／

表姪鄉貢進士龔景山撰。／

公陳姓，諱繩，字仲武，豫章豐城港口人也。曾祖志脩，祖灼，／輔其考也。公少而嗜學，壯弗克成，慨然有江湖之志。瀟湘／景物、吳楚風光，沉酣于笑詠之間，不知其幾。公天性慷慨，／交接名流，周濟里閈。凡困窶無賙之，雖重費不靳；有爭訟／無平之，雖殫力不倦。曳裾踵門者，延之必徘徊暢飲，盡其／歡而後已。而于義方之訓尤篤焉。闢家塾，延師友，與諸子／遞相琢磨。其待遇之意，始終如一。故退而有以妙齡擢高／第者，乃非公有所以激厲之耶！是宜鄉黨以仁称之，親友／以義称之。謂公之遠大，必獲榮報。奈何捧檄之喜未聞，而／風木之悲遽形矣。公生于於淳熙之甲辰，終于端平之甲午，／得年五十有一。娶章氏，子三人：帝謨、忠諫、友諒。女孫一人，尚幼。將／以乙未三月九日葬于水西董家壟之陽，亦嘉山水也。景山／祖姁即公母夫人女兄，公盖表叔也。辱愛至渥，諸孤以未／暇丐銘于立言之君子。用是命叙其大槩，以納諸幽。謹記。

宋故
陳公
墓記

宋故陳公居士墓記

表姪鄉貢進士龔景山撰

公陳姓諱繩字仲武豫章南城港口人也曾祖走儒祖約

輔其考也公少而嗜學壯弗克成慨然有江湖之志瀟湘

景物吳楚風光沉酣步笑詠之間不知其幾公天性慷慨

交接名流周游里閈几囊橐之雖重費不靳有爭訟不

乎平之雖彈力不倦曳裾踵門洩延之必徘徊暢飲盡其

歡而後已而亦義方之訓尤篤焉嘗延師友與諸子

逝相琢磨其待過之意終始如一故退而有以娛齡萬

第奇為非公有所以激厲之耶是宜鄉黨以仁稱之親交

以義稱之謂公送逝夫必覆榮寵奈何捧檄之喜未聞師

風木之悲遽飛矣公生甚淳熙之申辰終乎軃平之甲午

得年五十有一娶章氏子三人曰謹曰蕘女孫一太筍幼

以乙未三月九日葬于水西董家是之陽洙嘉山水也壁

祖妣即公母夫人太兄公盍表叔也辰平憂色澄蘚孤叕未

散蘇銘于立言之諸子曰晃命敘其大槩以詩逝謹記

五十六、宋周柔順地券　嘉熙四年（1240）閏十二月十三日

額正書：地券

維皇宋嘉熙四年歲次庚子閏十二月庚申朔越十三日／壬申，祖周約禮謹昭告于赤朱崑主土之神曰：長女孫柔順幼而聰慧，將笄而失母。事嚴父，撫弟妹，於孝愛／曲盡，於勤勞備至。歲在戊戌，出適于會昌黃憲祖之子承孫。／時黃已久恙，柔順奉承惟謹。越期年，黃歿，悲戚執喪。禮舅姑，／恩養蔑如，艱苦得疾。常語吾家往來客婦曰：「君姑數昌言，我／必改儷它族。然我自安分，鞠孤孩而守之，無他志也。」自是節／愈寒而疾愈進，冬十月朔，其父一龍與其弟元承復老。二／妹感懷疇昔，且諗其在黃有不堪者。俾暫還調理，謁醫禱／神，靡不盡瘁，而竟弗之救。可不痛心也耶！嗚呼！柔順志行如／是，向使得年以充所守，真可與哲人烈士爭不朽名。惜蘭馨／遽沉，玉光遽韜，而人實禍之至此也。柔順生於嘉定甲戌之／二月，卒於嘉熙庚子之十一月，年纔二十有七，男孩韶孫猶／在襁褓。母固子之，子其不母乎！然不忍返其柩而葬于黃，蓋／以其舅姑殘忍刻薄出於天性，不能有之於生，安耐有之於／死。是用归藏于我周氏赤朱崑之土，其地祖株宗□，蜿蜒而／來。坐兊向夘，山環水繞。宜可妥其靈而安之，維神呵禁／不祥。則春秋祭祀，神其與享。謹告。

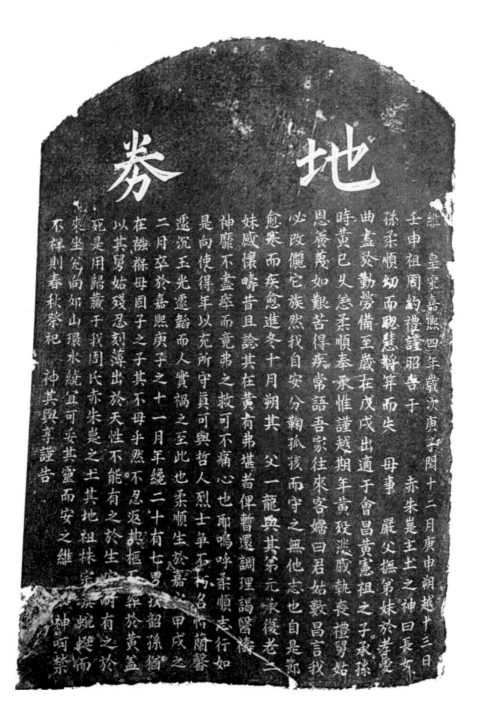

地　券

維
皇宋嘉熙四年歲次庚子閏十二月庚申朔越十三日
壬申祖周約禮謹昭告于　赤朱是主土之神曰長女
孫柔順幼而聰慧將笄而尖　母事　嚴父撫弟妹於長慶
曲盡愛勤勞備至歲在戊戌出適于會昌黃憲祖之子承孫
時黃巳夭憲柔順奉承惟謹越期年黃歿泣戲執喪禮舅姑
恩義薦如覩然我自安分鞠孤孩而守之無他志也自是節
必改儷它族進冬十月朔其　父一龍與其弟元承老二
愈寒而疾愈冬十月朔其　有弗堪者俾暫還調理謁醫禱
妹感懷曩昔且諗其在黃有弗堪者俾暫還調理謁醫禱
神驥不盡瘁而竟弗之救可不痛心也耶嗚呼柔順志行如
是向使得年以充所守員可與哲人烈士爭不朽名怙蘭馨
遷沉玉光遺韜而人竟禍之至此也柔順生於嘉以甲戌之
二月卒於嘉熙庚子之十一月年纔二十有七男扶韶猶
在微稌母因子之子其不母乎然不忍返柩而葬於黃蓋
以其舅姑殘忍刻薄出於天性不能有之於生安有之於
死是用歸藏于我周氏赤朱是之土其地祖林宗於蜒蜒師
爽坐於向尒山環水繞宜可安其靈而安之維
不祥則春秋祭祀　神其與享謹告

五十七、宋范應黃地券　　淳祐元年（1241）十二月七日

額正書：地券

維皇宋淳祐元年太歲辛丑十有二月甲寅朔／越七日庚申，待補國學生范閎中謹昭告于／黃景山之神曰：閎中長男應黃疇昔之日，因此山地／坦夷方廣，啓而為園，種茶植柘，方羊其間十有餘歲。／不幸今年十月辛酉，應黃死矣。余為卜葬，未定所向。／一日晨起，族姪德常告余曰：「德常夜夢九六哥遊黃／井之園，如平日焉，不知屯夢是耶非欤！」余因思之，十／數年前，有山人唐朝立者，嘗□此地盖園，之上有髙／山，山之中有吉穴。来龍婉轉，顧祖顧宗。明堂平坦，龍／虎盤旋。水城拱抱，護送幾層。千峯萬巒，環遶四維。葬／者獲安，子孫蒙福。非此地而何？或者兆於啓園之／日也。不然，何生死眷眷扵此邪？廼涓是日而蓙焉。其／有精羃魑魅敢干于墓，神當顯其誅殛之威。若／節春烞來展祀事，其敢忘荅神之休。謹告。

地　券

維皇宋淳祐元年太歲辛丑十有二月甲寅朔
越七日庚申待補國學生范閎中謹昭告于
黃井山之神曰閎中長男應黃時昔之八因此山地
坦夷萬頃廣啓而為園種雜禾祐方羊其間十有餘歲
不幸今年十月辛酉應黃死矣余寫卜葬未定所向
一日晨起姪德常告余曰德常夜夢九六哥遊黃
井之園如平日焉不知屯夢見即非余因思之十
數年前有山人唐朝立者嘗於此地盖園之土有高
山山之中有吉兇束龍宛轉顧祖顧宗明堂平坦龍
虎盤旋水城拱抱護送幾屬千峯萬嶂環遶四維莶
者覆安子孫蒙福非此地而何或者兆於啓園之
日也不然何止死者於此地延迤迢是日而葬焉其
有精靈颷颭歆干于墓
神當顯其誅極之威若
節春祅祅來展祀事其敢忘荅　神之休謹告

五十八、宋徐氏記券　淳祐元年（1241）十二月七日

額正書四行：宋故／徐氏／孺人／記券

先妣徐氏家世豐城吳塘之西莊，居士德遠女。年踰／笄，適我父名盈字仲實，居城頭中洲。先妣性情／不妄言笑，奉舅姑，相我父，禮無違者。內理家政，井井／有條。自奉儉約，惟賓祭加腆。子婦或有不當意式，慍／無怒，良久復常。篤親睦鄰，尤竊介念。有幼失所恃者，／力為照□，歷年不置，其父子至今以為德，此特其一／端爾。生於乾道壬辰十月二十，卒於端平丙申六／月二十三，年六十五。男三人：日新、日嚴、日宣。女一人，／將行而亡。孫男六人，孫女二人。越六年，淳祐辛丑／嘉平月庚申，始克葬于所居之北，震艮行龍，□□向／亥，水流申庚，依祖塋也。新奉父命，敬次壽年／家世大槩，以詔詣幽。併告此山之／神：□與呵護，禁止不祥，俾存歿俱安。則春秋祭祀，不／敢忘爾神之功也。哀子日新泣血百拜書。／親末待補太學生黃應□填名諱并題蓋。

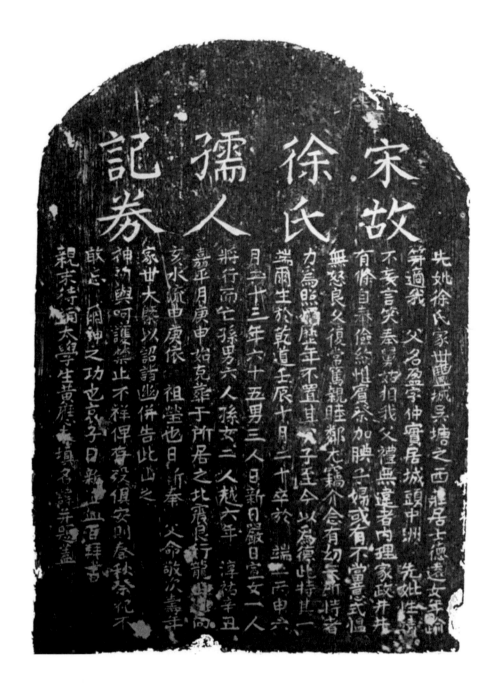

宋故
徐氏
孺人
記券

先姚徐氏家世鹽城吳塘之西□□居上德遠女年□
笄適我 父名盈學仲實居城頭中洲 先姚性淳
不妄言笑奉□□相我父禮無違家政并井
有條自奉儉約□洲實□惺加腴□□或看不當署式憫
無怒良久復當篤睦親睦都尤篤介念有幼孤所特者
□□□□□□子至今以為德此特其一
端爾生於乾道壬辰十月二十卒於端二年申六
月二十三年六十五男三人日新日嚴日富一女一人
將行而亡 孫男六人孫女二人越六年
嘉平月庚申始克葬于所居之北震良行龍□□高
亥水流曲庚辰 祖塋也日所奉 父命敬次壽年
家世大係以詔諸□併告此山之
神祠與呵護禁止不祥俾存歿俱安則春秋奈祀不
敢忘 兩神之功也哀子曰新立□百辞書
親束待洞太學生黄雁心春塘名蹕井□蓋

五十九、宋饒氏礦誌　淳祐六年（1246）八月四日

額正書：宋故饒氏礦誌

余室饒氏，同邑人，世居積善鄉之城前。／曾祖諱世昉，祖諱景年，父諱錢，氏乃次女也。／自幼失怙，及笄，而母命所適，歸于我家。／平生賦性純直，事長恭謹，遇事精勤。予／方謂得助而期其偕老，夫何遽然一疾，／醫不能療，神不能救，嗚呼命矣夫！生於／嘉定己卯十二月初七日，卒於淳祐己／巳二月初六日，享年二十有七。與予相／處，未及四朞。失我內助，何甚速邪！是年／以亡運未通而停喪，今得吉卜，於本鄉／旹營趙家坑，坐艮向坤，可以安汝靈而／葬焉。時淳祐六年丙午八月初四日，庚寅／日也。謹刻石以記其始終年月，且告諸／山川神祇，而後亡魂永安宅兆云。／

朞服夫臨川黃□桂書。

六十、宋甘氏地券　淳祐七年（1247）九月二十二日

額正書：甘氏地券

維皇宋淳祐七年歲次丁未九月辛亥／朔越二十二日壬申，孝夫蘇文顯偕孝男／應新敢昭告于此處山神之靈曰：亡室甘氏宜人家丗豐／城大順之上舍。年初及笄，歸配于我。事舅／姑以孝，治生理以勤，撫幼稚以慈。由是家／用平康，皆內助之力也。不幸於是月十四／日以微疾卒，得年三十有三。男一人，應新。／今卜是日奉／柩祔于／亡母陳氏孺人之壙左。尚惟山神／訶禁魑魅魍魎，無使侵犯亡靈，得其／安静。凣有祭祀，尔／神亦與享之。謹告。

六十一、宋方氏地券 淳祐九年（1249）八月三日

額篆書：地券

皇宋淳祐九年己酉八月壬寅澧州／慈利主簿孫范翔鳳偕男彥秀、彥穎／敢昭告于潭岡之麓后土之神曰：／惟我家世有茲土，今奉我亡室方氏／靈柩，坐艮向坤兼申而葬焉，惟／神護之。其有山精石靈、木魅水恠等／敢肆憑陵，惟神盡斥逐屏除之。務／俾亡人妥安宅兆，芘蔭子孫，戴／神休于無斁。若即春秋來展時祀，／神亦與享焉。謹告之券。

六十二、宋胡迪礦記　淳祐十二年（1252）九月六日

額正書四行：宋故／胡公／太保／礦記

先公諱迪，字吉甫，饒之餘干人。曾祖諱□，祖旺，俱／是公身。公生平稟性温柔，世故淳厚。事親盡孝，事／君盡忠。少紹前志，處于鄉里，未嘗不以和氣相與，／出入相友，疾病相扶，鄉人皆以善人稱之。居於軍／中，未嘗輒以微事輕慢，征戰不憚，防禦必戢。上位／聞之，累贈其功，已至于六寨指挥都管使。公娶余／氏，男四人：長曰辛，娶胡氏；次曰彪，娶黃氏；三曰元，／不幸早喪；四曰通，娶施氏。女四人：長適黃，先公而／喪矣；次適余；三適仕；四適張。孫甥有二十三人。公／生於乙巳十二月二十四日寅時，正當享壽，天胡／不仁，微痾淹棄，終於壬子淳祐九月初六日。斯年／山家順利，葬于住之西側，此地乃公之祖業也。茂／林脩竹，安亡妥存。謹紀歲月，納諸幽壙云。孤子胡／辛等泣血謹書。

六十三、宋戴九地券　寶祐二年（1254）十二月十六日

額正書：地券

維皇宋寶祐二年歲次甲申十二月己／巳朔越十有六日甲申，孤子戴若鸞謹昭／告于／羅坑之山神曰：按《周禮》，墓大夫掌邦墓之／禁令，皆有私地域。則葬地有禁，告神有券，／其殆昉於是歟。今／先考九宣義卜宅于茲，其山甲夘，向以庚／酉，陰陽家流僉以為吉。所冀歸空之後，芘／蔭諸孤，無分彼此。螻蟻之蠹，神則驅之。魑／魅之害，神則禦之。俾亡魂安于斯丘，則子／孫蕃衍盛大，春秋祭祀，爾神亦從而與享／之，其聽毋忽。謹告。

券　地

維
皇宋寶祐二年歲次甲寅十二月己
已朔越十有六日甲申孤子戴若鷺謹昭
告于
羅坑之山神曰按周禮墓大夫掌邦墓之
禁令皆有私地域則葬地有禁告神有券
其殆昉於是歟今
先考九宣義卜宅于茲其冀歸室之後茈
酉陰陽家流僉以為吉所冀山甲卯向以庚
蔭諸孤血分彼此螻蟻之蠹神則驅之魑
魅之害神則禦之俾亡魂安于斯丘則子
孫蕃衍盛大春秋祭祀爾神亦從而與享
之其聽毋忽謹告

六十四、宋□盟之父地券　寶祐三年（1255）二月十七日

額正書：地券

維／皇宋寶祐三年二月戊辰朔越／十有七日甲申，孝男盟謹昭告／于謝山之山神曰：嗟惟此山，／坐壬亥，向巳丙。龍翔鳳舞，佳氣／葱然。怪石奇峯，秀水連連。妖魅／之蠱，神呵斥焉。龜筮協吉，已／告于前。祐我後人，億千萬年。／皇考宅此，永保安全。門庭光大，／後嗣即傳。謹券。

六十五、宋王友度墓誌　　寶祐四年（1256）十二月二十八日

　　先君姓王氏，諱友度，字林寬，世居越之余姚。曾祖琰，/祖昌言，父維。歷三世，妣皆方氏。先君生於乾道癸/巳九月初四日，寶祐乙卯七月甲子以疾終于家。卜以寶/祐四年十二月二十八日乙酉，葬于邑之上林湖謝塢之/原。先君娶袁氏，先四十有二年卒，至是合窆于妣/氏之兆。先君三歲失怙，既長，克敬慈闈，艱難立家，處/性剛介。親友尚書聶公嘉其能講學，改名之道，奏擬迪/功郎，帖充諸王宮講書。後該/壽明仁福慈睿皇太后慶典恩，郡守侍郎汪公保奏，準/告，特授迪功郎。春秋已高，遂絕意於進取。先君生五/男：居敬、居仁、居能、居安；其季初出継毅敏公燕氏後，名宗/夔，是為司門通直之子。女一人，適承議郎、通判安吉州軍/州事葉明道。孫男八：天驥、天舉、天任、天與、壽老、霆老、它老、/昭老。孫女一人，在室。葬日薄，未暇乞銘於立言君子，姑述/梗槩，納諸壙。孤哀子居敬等泣血謹記。/
朝奉大夫、主管台州崇道觀湛若填諱，馬良刊。

先若桂王氏諱友度守村寬世居慈之餘姚曾祖玖

祖昌言父雉愿三世姚皆方氏先君生扵乾道戊

巳九月初四日寶祐乙卯七月甲子以疾終扵家卜以窜之

祐四年十二月二十八日乙酉葬扵邑之上林閞翩埼之道

原之兆親友尚書朤公妻其徒長先敬慈闈難主家質

性剛介帖无諱王宫講書後姝其徒講學改名之通奏概迪

先君君三歲失怙院長先敬慈闈難主家遞奏概迪

功部帖无諱王宫講書後姝

壽明仁福慈春皇太后慶典恩部守侍郎汪公得奏集

告居敬特授迪功郎居安其季幼出維毅敏公燕民後名宗

男是爲司門通道孫男八天驥天舉天興壽老逮老定先

變老孫女一人在室桑日薄未殮孔銘柱立言君子姑述

昭州事華明一道孫男八天驥天舉天興壽老定先

梗槩納朝奉大夫王館台州崇道觀湛

　　　　若塡誌

　　　　　　馬良刊

六十六、宋鄧淵墓誌　開慶元年（1259）九月五日

額正書四行：宋故 / 吳公 / 承事 / 墓誌

公諱淵，世居撫之崇仁邑南二十餘里曰下吳。/ 曾祖宗閔，祖聳，父惣，皆稱鄉里善人。姓唐氏。公幼 / 端愨，長甚良畏。善治生理，凡事鎮以和易，上下 / 安之。迁屋浮源，去故家二里而近，築室及垣墉 / 必謹。凡姻朋相過，必飭具留歙。急難有請，隨力 / 周逮，得者皆踰望。前娶黎氏，子男二人：長幼亡；/ 次天勝。皆先公數年卒。惟次男生二孫文友、文美，皆公 / 鞠育，顧復為了畢冠昏事，今皆且立矣。継室郹 / 氏尚尔在堂。公生於淳熙壬寅四月二十一日，/ 卒於開慶己未正月十一日，享年七十有七。二 / 孫承重服治喪，以是年九月初五日丙午葬公 / 于長安鄉之澤源。其地坐辛向乙，乃生前所卜 / 也。諸孤属余為文以誌其墓，余親且契，義弗敢 / 辝。姑序其大槩，以納諸壙云。姻家姪楊奇撰。

宋故吳公永事墓誌

公諱顗世居撫之崇仁邑南二十餘里曰下吳
曾祖籥祖贊父愍守稱鄉里善人妣唐氏公緒
端懿長甚良景善治生理凡事鎮以和勇上下
安之近屋得源去故家二里而近築室及垣墉
必謹凡姻朋相過必飭具留歡急難有請隨力
周遽得者皆踰望外前娶黎氏于男二人長望
次夔皆先公數年卒惟次男生二孫友爰畫公
鞠育顧復孺丁畢冠昏喪令皆立笑继望鄢
氏尚尒在堂公生於淳熙壬寅四月二十一日
辛於開慶巳未正月十一日享年七十有七二
孫承重服治喪以是年九月初五日丙午葬公
于長安鄉之澤源其地坐辛向乙乃生前所卜
也諸抓屬余為文以誌其墓余親且契義弗敢
辭姑序其大槩以納諸壙云　烟家姪楊奇撰

六十七、宋孫在壙記　景定三年（1262）十二月二十一日

額正書四行：宋孫／升一／宣教／壙記

吾子諱在，字性存，為奉議七世孫，淳／祐辛丑三月十八日亥時生。幼敏悟，／志習不卑。予丁年有子，延師訓導，期望振立門户。夫何天不我祐，庚申歲／終，臥病長逝。嗚呼痛哉！在娶黃氏，生女／楣娘。予念自汝母歸吾家，持身勤／儉，佐助經營，生理漸裕，始置田宅。子／今先母而逝，可無後乎！予以庶子關／孫繼汝絶，雖生而命子為孫，死而認／弟爲子。然一脉相承，拜禮亦順，情法／無礙。予夫婦平生勤苦，至此無遺憾／矣。□壬戌臘月癸酉日，葬於冨城鄉／葉茶崗，乹亥來龍，枕兊向夘，靈其妥／兹。葬日，父孫伯英書諸壙以記歲月。

宋孫
升一
宣教
壙記

吾子諱任字性存爲奉議七世孫
燕辛丑三月十八日葬時生幼歡期
志冒下甲子丁午有子延師制舉
終的病長遊鳴�循痛哉在我實不我祐更申氏生
磐頂立門戶夫婦不下我祐更申氏生
令自汝母歸吾家生理
儉佐助經營生理漸裕姓董田宅子
女楣娘女念子以庶子爲孫死而兒
孫繼安絕雖生而無後命子爲孫死而兒
甲爲子然一脈相承拜禮之順情
孫　　夫婦平生勤苦軍
　　女成婦月瞻酉日當來龍城鄉
英女來龍桃元向刑靈共一女
茲葬日父孫伯英書諸壙以記歲所

六十八、宋黄良器之母地券　咸淳元年（1265）十月十九日

額正書：地券

維皇宋咸淳元年歲次乙丑十月丙寅 / 朔越十九日甲申，孤哀子黃良器敢告于 / 會昌鄉鍾坊之山神曰：茲山坐未向丑，虎 / 踞龍蜿，陰陽家者流咸以為宜。/ 皇考藏於此土十有七年矣。今卜宅協吉，謹奉 / 皇妣靈柩合窆于是。惟爾有 / 神，各謹攸司，訶禁不祥，嚴衛眞宅。務俾 / 先靈式固，而康福我後人，俾熾而昌。春秋 / 祭祀，神與享焉。謹券。

六十九、宋姚一娘地券　咸淳三年（1267）六月十一日

　　維皇宋咸淳三年六月丁／巳朔十一日，即有孝男王六、／新婦尹氏四娘、孝孫等伏為／亡母姚氏一娘享年六十七歲，／不幸於今月初九逝世。今俻銀／錢一阡貫就南坑自以祖墳边，／開皇地主，乙南止丙。／止青天，下止黃泉，中是亡人塚宅。／保見者堅固仙人，书契者天冠道／士。常垂不盡之麻，慮防人鬼所争，／因立券文而照證。

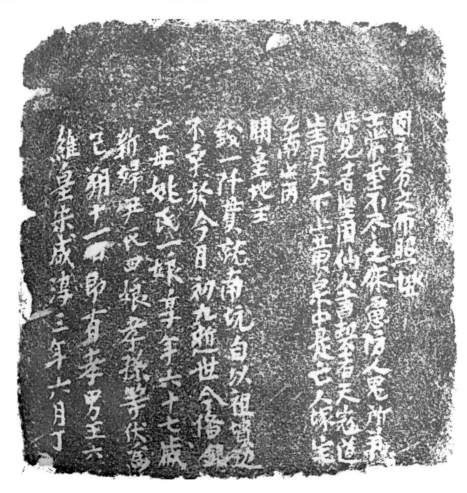

七十、宋余退孺墓誌　咸淳三年（1267）十一月一日

額正書：有宋余君敬二宣教墓誌

弟諱退孺，字進可，鄱陽人。生於淳／祐甲辰十二月十五日□時，不幸／於景定癸亥七月二十有六日子時去世。時侍親仕九江，没于寓廨。／弟與余同歲，性至柔善，稟賦若怯。／自幼多讀深記，辛酉科，以炎發名／與待補。妙年英發，余方藉其相與／塤篪。卒以弱疾不□，自癸亥櫬帰。／先叔入京，改調監庫，継又從辟淮／西總所分司任。方謀告歸，為之擇／地而葬。而先叔又不禄矣。余為／手足，義不容逭其責。今涓吉，此月／初八日庚申，奉葬于朱家園，去家／二里而近。弟未有室，先叔在日，／命以継嬸程氏所生次子星孫為／之嗣。才四歲，幼不能識，故余爲紀其實云。歲在丁夘十一月朔，親堂／兄余簡孺誌。

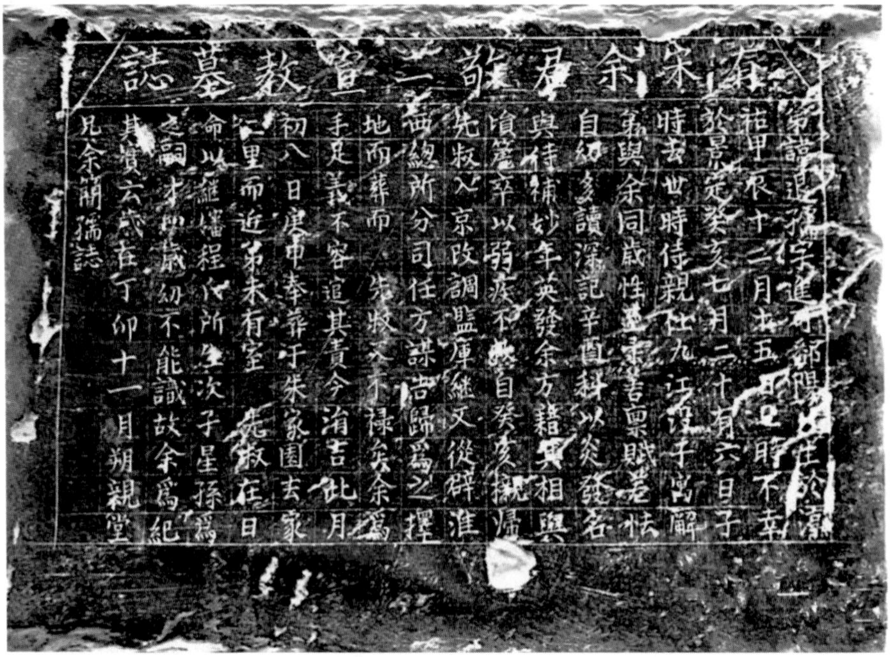

七十一、宋甘氏墓誌　咸淳三年（1267）十二月二十日

額正書：地券

維皇宋咸淳三年太歲丁卯十 / 二月癸丑朔越二十日壬申，孝男范 / 必大、孝孫范興宗謹昭告于孤坑守 / 土之神曰：皇妣甘氏孺人不幸於 / 咸淳二年丙寅九月初二日棄世， / 今奉柩以祔葬于皇考之墓之右。 / 其向丙位，其坐壬方。龍盤虎踞，參陰 / 陽書而允為吉藏。惟爾有神，尚克 / 茲相而呵禁不祥。二靈安安，子孫 / 其昌。春秋祭祀，曰篤不忘。謹告。

七十二、宋鄒鈴壙記　咸淳四年（1268）十二月三十日

額正書：壙記

先父姓鄒氏，諱鈴。曾祖元凱，祖安祐，俱以勤儉／治生為務。先父克守前訓，以是家力愈厚。生於／慶元己未六月丁亥，娶豐城大楓嶺黃氏。男二／人：元安、元明。孫男一人，女孫二人，皆幼。晚年多／疾，遂均分物業，付元安兄弟掌管，方得寬閑受／養。豈期天弗見佑，不幸於今年十一月辛亥，以／疾棄世，享年七十。嗚呼痛哉！茲卜以是年十二／月丙午日附葬于黃山寺近祖妣詹氏墓右，去／家一里許。其山坐未向丑，陰陽家曰吉。姑紀歲／月，以垂不朽。併告于此山之神：尚賴永護先／靈，春秋祭祀，其與享之。咸淳四年戊辰十二／月丙午日，孝男元安、元明泣血謹記。

壙記

先父姓鄒氏諱銓曾祖元凱祖安祐俱以勤儉
治生為務先父克守前訓以是家力愈厚生於
慶元己未六月丁亥娶豐城大楓嶺黃氏男二
人元安元明孫男一人女孫二人皆幼晚年多
疾遂均分物業付元安兒弟掌管方得寬閒受
養堂期天弗見佑不幸於今年十一月辛亥以
疾棄世享年七十嗚呼痛哉茲卜以是年十二
月丙午日附葬于黃山寺近祖妣詹氏墓右去
家一里許其山坐未向丑陰陽家曰吉姑紀歲
月以垂不朽併告于此山之八神尚賴永護先
靈春秋祭祀其與葦之 咸淳四年戊辰十二
月丙午日孝男元安元明泣血謹記

七十三、宋石崖居士地券　咸淳六年（1270）閏十月十日

額正書：地券

　　維皇宋咸淳六年歲次庚午閏十／月丁酉朔越十日丙午，里人孤哀子／范
夐薦偕弟必興謹執券盟于／葛坑山之神曰：皇考石崖居士生／為世吉人，歿宜
得吉竁以歸。相是幽／扃，山環水聚。左龍蟠縈，右虎蹲踞。前／唐嶠之巉岏，
後廬岫之巉嶭。侯峰筆／篸，堯嶺屏列。陰陽家僉曰：「是吉人之／攸宅。」
請與尔神約，自今日既堋之／後，其愍尔職以衛此兆域。毋使山夔／沈履，石
碉土贖，是震是嚇。以妥我／先靈，以昌我後人。則祀事致嚴，侑享／于尔
神，萬有千春。謹券。

七十四、宋張準之子地券　咸淳九年（1273）十一月二十四日

額隸書：地券

維皇宋咸淳九年歲次癸酉十有一月／己夘朔越二十四日壬寅，父張準葬次男／隆七登仕于饒州安仁縣崇德鄉十五都／之松塋。按鬼律曰：葬不買地立券，與盜葬／同。今則薦誠為幣，秉心為緡。就后土氏鬵／地一區，坎山行龍，坐癸向丁。左鬱鬱兮青／龍，右巖巖兮白虎。前拱揖兮朱雀，後擁隨／兮玄武。葬我男兮松塋，其妥靈兮斯土。爾／鬼神兮有知，禁不祥兮呵護。急急如律令。

維皇宋咸淳九年歲次癸酉十有一月

己卯朔越二十四日壬寅父張準葬次男

隆七登仕于饒州安仁縣崇德鄉十五都

之松鏨按鬼律曰葬不買地立券與盜葬

同今則薦誠為幣秉心為縉就右土氏醫

地一區坎山行龍坐癸向丁左鬱鬱兮青

龍右巖巖兮白虎前拱揖兮朱雀後擁隨

兮玄武葬我男兮松鏨其妥靈兮斯土爾

鬼神兮有知禁不祥兮呵護急急如律令

七十五、宋李氏壙記　咸淳十年（1274）九月九日

宋故鍾母李氏宜人壙記／

宜人派分盤谷，嬪于潁川，乃本州分宜東／坑人也。爲性柔淑，齊家睦族，敬事舅姑，和／順妯娌，井井有條。長適父文富為妻，□去／起家，惟以勤儉為上。鞠育我兄弟三人：德／清、德潤、德洪，女細姑。兄弟皆幻，誰為撫憐。／婚嫁之責，中道遽違。惟望我母長壽，不期／於癸酉年十二月初六日酉時終于正寢。／元命甲申年正月十二日寅時生，享年五／十歲。男德清、德潤、德洪等諸孤以甲戌年／九月初九日壬午，奉靈柩葬于分宜縣地／名昌田窯坑，作坤未山寅艮向。唯願先靈／永安厥宅，以庇後人，宗祀綿遠。旹太歲甲／戌咸淳十年九月初九日壬午，謹記。

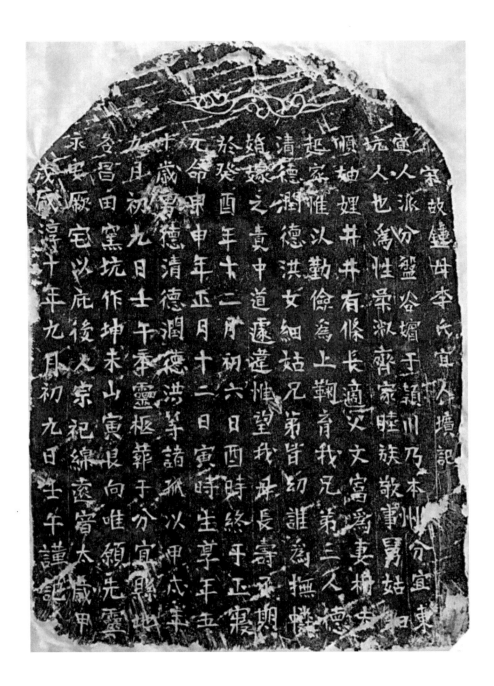

七十六、宋施有成地券　德祐元年（1275）九月十五日

額正書：地券

維皇宋德祐元年太歲乙亥九月戊辰朔越十／有五日壬午，孤子施仁壽、仁仲、文廣、元壽謹昭告／于山神曰：先君諱有成，生於慶元丁巳十月之／丁亥，卒於咸淳甲戌六月甲子。茲得吉卜，葬查坑／之陽。用錢九万九千貫，買到此地。東止甲乙，南止／丙丁，西止庚辛，北止壬癸。上止碧落，下止黃泉。按／青鳥鬼律云：葬不立券，有同盜葬。謹立斯券，與神／為之誓曰：先君卜葬，查坑之陽。山神擁護，／呵禁不祥。靈魂安妥，後人吉昌。／春秋祭祀，尔神亦與其享。謹券。

地券

維皇宋德祐元年太歲乙亥九月戊辰朔越十
有五日壬午孤子施仁壽仁仲文庚元壽謹昭告
于山神曰先君諱有成生於慶元丁巳十月之
丁亥辛於咸淳甲戌六月甲子燕得吉卜葬查坑
之陽用錢九萬九千貫買到此地東止甲乙南止
丙丁西止庚辛北止壬癸上止碧落下止黃泉按
青烏鬼律云葬不立券有同盜葬謹立斯券與神
為之誓曰先君卜葬查坑之陽山神擁護

呵禁不祥　　露魂安妥　　後人吉昌

春秋祭祀　尔神亦興其幸　謹券

七十七、宋留氏墓誌　景炎元年（1276）十二月二十二日

生母留氏孺人吉州西街人，歸于先君桂林居／士，居臨江新淦峽江。男森，登仕郎。媳婦胡氏。桂／林先孺人十一年歿，胡氏先孺人七年歿。孺人／生於开禧丁卯三月十二日，中年苦足目疾。不／幸，丙子季秋以來，舊疾有加。十月十六日，竟終／於寓居近地綿田避舍，享年七十。時事未寧，森／不敢久停靈柩。今以是冬十二月二十二日，卜／葬於行道陂之原，座寅甲向申庚。森泣血謹記。

生母留氏孺人吉州西街人歸于先君桂林居

士居臨江新淦峽江男森為其母郎娘婦胡氏桂

林先孺人十一年歿胡氏先孺人七年歿孺人

生於開禧丁夘二月十二日中年苦患目疾不

辛丙子季秋以來舊疾有加十月十六日竟終

於寓居近地綿田避舍其年七十時事森

不敢久得靈柩今以是冬十二月二十二月

葬於行道陂及原座寅申向申庚森泣血謹記

里人蕭鈞刊石

七十八、宋郎氏墓誌

千秋之下，陵谷變遷。／
有宋淑婦孺／人郎氏之墓。／
行人君子，幸為掩之。

七十九、金妙行大德塔銘　天會十五年（1137）六月十五日

□□□□僧正妙行大德塔銘／

糸學門人平陽慧覺述并書。／

□□□□号無餘，本州潞城縣西流村首陀姜氏之子。天賦慧敏，骨秀氣清。舉止不羣，出言拔□□□／□□□□□家，礼本州龍興寺西觀□院僧淨大德為師。二十一歲，試經得度，次年受具。意樂大乘，遂□／□□□□□說未周，深探淵府，乃徧閱《□覺》《金剛》《肇論》《法界》《觀門》，滔滔無滯。當代講人莫有居師之□□／□□□□□□宗乘。遂仗錫携瓶，振衣南邁。諸方聖跡，靡不躬臨。天台雁蕩，五頂泗州，特酬素願。凡趨□／□□□□□頗積見聞，猶疑情未息。後扵□皖山之下糸見三祖和尚宗，乃黃龍之嫡子也。三祖一見／器之，□□問師曰：「聞汝嘗講《華嚴經》，是否？」師曰：「不敢。」宗拈起拂子云：「毗盧華藏盡在遮裏，只是不肯丞當。」／言下大悟，更不他游，依棲六載，不廢寸陰。然三祖糸徒無啻半千，法席白眉者，師之是也。自茲道價揚溢，／四方而南嶽福嚴、長沙嶽麓，兩為座元。立僧十有一年，抱道嘉道者，不勝其數。以禪餘之暇，注述金剛梵／經泊善財歌頌十餘部，然詞章要簡而妙盡其源，禪子囊之以為內寶。湖南漕使龍圖聶公山服師道德，／堂扵長沙湘潭縣勝果道場。八載之間，四方雲湊。凜凜家風，未嘗暫輟。無弦琴上品弄清風，兔角杖頭□／月。嘉聲既震，遠播里閭。師姪僧廣智，乃俗門親弟者也。逕詣潭州，堅請師歸，髙棲舊隱，普利人天。師既□／席而歸，時乙巳歲到本院。郡太守李公尚書醉心內典，酷愛宗乘。一日，訪師而問之曰：「教中道一稱南／□成佛道，何也？」師喚尚書，彼應喏。師曰：「佛即好佛，只是光明，未開在彼。」首肯微笑之曰：「從今益不疑天□／□說話也。」師乃援毫復書偈曰：「手忙心急，推出擁入。三德三身，一呼一吸。清譚對面是知音，為贊底沙□／□□。」李公愈加敬仰。後天會十年，本州僧眾保舉師為三州都僧正。恩府州尊楊公太師備申□／□□□妙行大德。師以慈悲攝化，緇素莫不徠之。倘非大権示跡，曷至是歟！享年六十八，興居尤健。小師□／□□□□。厥母王氏捐家資，命工匠扵本院無餘菴北建窣堵坡，庶備師之將来者矣。繫之銘曰：／

佛之垂化，濟渡沉淪。師之示跡，垂手紅塵。作姜氏子，現有相身。清神秀骨，／佛寶法珎。二十有二，屍羅具親。華嚴兩歷，聲駭四鄰。振衣南邁，知識扣頻。／心花頓發，覺照靈春。衍黃龍派，獲三祖眞。座元兩處，語眾書

紳。注述羣典，／義理析薪。一坐道場，八載絕倫。衲子憧憧，師語諄諄。多口阿師，罷吻休脣。／北首歸來，閭里一新。賢太守敬，邪外道湮。僧首推眾，妙行授宸。淄歸素仰，／享慈寬仁。不趨其富，不外其貧。千載之下，阿誰敦夐。／

天會十五年六月望日，監院僧福圓，知庫僧永丕同勾當立石。

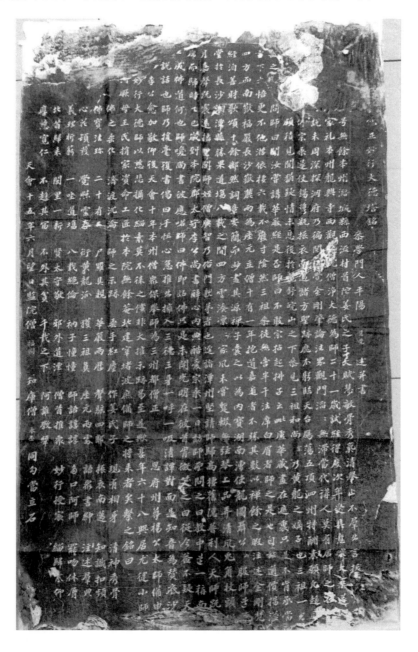

八十、金陳諒墓誌　皇統元年（1141）四月二日

額篆書五行：故武功／大夫密／州刺史／潁川陳／公墓銘

故武功大夫密州刺史潁川陳公墓銘／
永免解進士蘇植撰。／
承信郎、安塞寨兵馬監押李扶書並篆蓋。／

公諱諒，字信之，世為方渠右姓。曾祖保昌、祖忿，皆隱而不仕。父彥，贈敦武郎。公孝悌之篤／出於天性。方總角，使就學。纔歲餘，因讀班超傳，至投筆事，竊喜云：「大丈夫固如是矣。」一／日跪於親曰：「兒得生邊徼，當效古英豪，以汗馬取功名，安能碌碌老於書冊乎？」父亦壯／之曰：「此子必高吾門。」於是，日以韜略騎射為事，雖老兵宿將，未有不服其精絕者。年十／七，以效用解發，授進義校尉，從太守种公師中入西界，為選鋒，獲級改承節郎。又從太守／王公渙破賊於雞台、王尚原，改忠翊郎。方寇亂江南，從太守王公剿蕩迴，改武經郎。／河北兵起，從統制張公淵，攝將于朔寧府，改武節大夫。還，知洪德寨。及關中有事，公屢／以奇功，轉今武功大夫、密州刺史。授弟二將，駐兵洪德，捍西夏者數年，而民賴以安。公／自入仕暨為將，所至以能稱，如种節使師道、陳侍郎彥文、宇文待制虛中、王徽學似，皆當時名／臣，並嘗薦用公。其尤所知者，姚少師古，帥慶陽种太尉師中，守環州，始終十餘年，皆待公／如家人。性廉愨，以義自負。兄與弟早世，撫其孤甚於己子。與人交，淡而能久。天眷年屬／本朝，與前宋有割地之議。時諸慕先曾叛宋，心不自寧，率屬羌復歸西夏，一境皆陷於／虜。是時公為弟二將，內欲有為而詭隨之，亦在賊中，乃潛約本路帥趙公彬，欲表裏破／賊。事洩，賊陰以甲士朝夕伺察之。趙公既進兵收復，賊分兵以禦我師，盡逼州人起遣。／公視伺者稍馳，乃單騎趍洪德，欲閉門而拒賊。逮至，則門為賊守矣。公仰天決曰：「吾事／不諧，命耳！豈可從賊而求生乎？」因奪刃於守門者，殺數人，賊益眾，力盡乃死。先是，賊起／遣郡人，日並以己兵守烏侖、肅遠二寨門者。及聞公之走洪德也，其守肅遠者盡追公。由／是州人數萬得入其城，閉關抗守。越兩宿，賊潰而救至，無老與少咸謂：「非公力則肅遠／不能入，我輩無噍類矣。」趙公既復州境，聞公節，欲贈賻而旌表之，會有與公睚眦者，力／訾而止，眾為之不平。享年五十七，娶許氏，先公卒。一男曰秉國，篤於學問，為里閈推重／，用公恩，授承信郎。一女適鄉人曹氏。辛酉四月二日葬

於乾川北，其妻祔焉。當未葬也，／乃子泣於植曰：「先君生衰世，險阻艱難備嘗之矣，又沒於賊，而事未明，敢丐條析其平／生，并明其所以死，以盡人子之心，可乎？」植固辭，而請愈堅，因諾之。僕觀史冊，有忠於君，／孝於親，睦於兄弟，信於于朋友者，則必激昂吐氣，反復諷頌，以其人之可慕也，況鄉閭間／親覿其人哉。苟為不傳，則善善惡惡之義，不幾乎息矣！遂席紙濡毫，直道其事，非敢以／為文也。仍繫之銘曰：／

鬱鬱巖松，有時而折。瀰瀰河水，有時而絕。／偉哉陳公，肖古英傑。生能活人，死不失節。／壽固有虧，行則無缺。後世之名，皎如霜雪。／爰有令子，克紹遺烈。勒辭于石，以誌其穴。／

古威王宗懋刊。

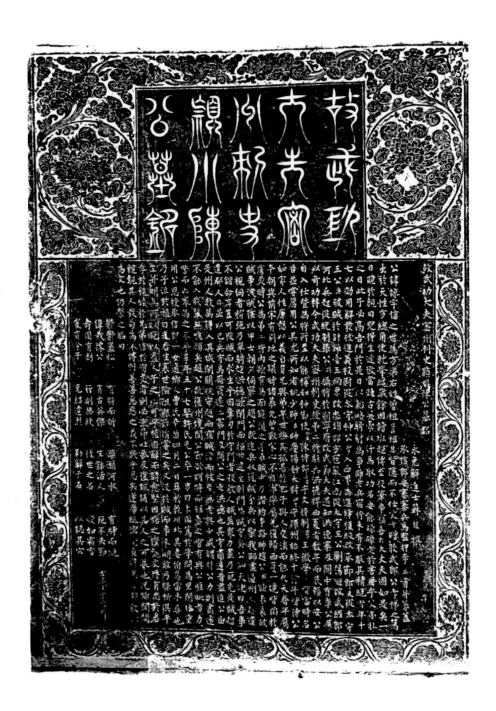

八十一、金郭氏地券　大定十一年（1171）正月十日

額正書：殁故郭氏地券文

維大金大定拾壹年歲次辛卯正月丙子朔初拾日乙／酉，今有殁故郭氏，宜於通遠軍隴西縣管下正西山／下安厝宅兆。謹用錢玖万玖仟玖伯玖拾玖貫文，兼／五綵信幣，買地一段，方壹拾叁步。東至青龍，西／至白虎，南至朱雀，北至玄武。內方勾陳，阡陌仟。／秋丞暮佰，分步界畔。道路將軍，齊整。收付河伯。／今以牲芳酒酢、百味香新為信契財地，交相分付。／工匠修營安厝，永保休吉。知見人歲月主，保人今／日直使。故氣邪精，不得忤怪。先有居者，永避万／里。若為此約，地府主吏其禍自當。主人存亡安／吉。急急如律。／五帝使者女青律令。楊沖至造。

八十二、金虞希祖墓誌　大定二十二年（1182）二月十九日

　　故內供奉班祗候、／修武校尉虞希祖／以大定二十二年／正月十日奄逝，以／其年二月十九日／巽時從吉兆也。

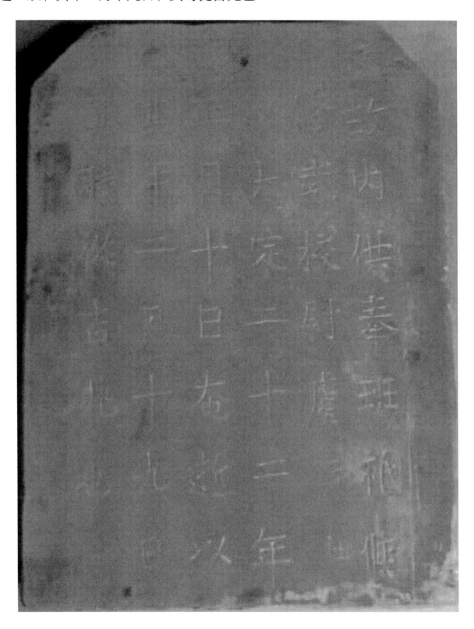

八十三、元王氏地券　至元二十一年（1284）十二月十八日

額正書：地券

維歲次甲申十二月甲辰朔越十有八日／辛酉，杖朞孫曾德昭、德大奉祖妣王氏夫／人柩附葬明賢鄉石盤祖考十三居士墓／左。敢昭告于后土氏之神而言曰：趙宋／嘉熙，歲在戊戌。祖考歸窆，窀穸斯室。甲申／不幸，祖妣復卒。忍死襄奉，不敢暇逸。速蕸／謂宜，惟茲可必。兊山向震，巽流協吉。愼／終／大事，爾神是質。撝呵擁護，賴其陰騭。子孫／繁昌，家用寧謐。春秋祭祀，同歆有飶。謹券。

八十四、元鄧範券記　至元二十二年（1285）十二月二十四日

額篆書：券記

　　至元二十二年十有二月辛酉，孤子鄧有慶、有德奉 / 先君省三上舍之柩，葬于章山之原先祖百一上舍墓 / 林之右，百步而近，坐乾向巽。謹以券告于此山之神曰： / 先君諱範，字信甫，以儒名家。早試國學，復以覃恩試南宮， / 皆不偶。教授于鄉，誨人必盡其誠，弟子受業者並心服，其 / 父兄亦敬愛之。所處必歷久，苦辭而後得去。處族黨固可 / 知也。妃黃氏，先十二年卒，葬亦同是山，隔兩山焉。君生 / 於嘉定甲申，以癸未年十一月五日卒，享年六十。若夫家 / 世，則有判簿友山黃一元誌先祖墓可見。繼自今爾神 / 其恪謹厥職，呵禁不祥，山精鬼魅、木石之怪無犯塋域。俾 / 神魂妥居，子孫昌吉，於先世遺緒益有光焉。則春秋祭祀，神與享之。謹告。

至元二十二年十月有二月辛酉孤子鄧有慶有德奉

先君省三上舍之柩葬于章山之原 先祖百一上舍墓

林之右百步而近坐乾向巽謹以券告于此山之神曰

先君諱範字信甫以儒名家早試國學後以覃恩試南昌

皆不偶教授于鄉里以盡其誠弟子受業者並八服其

父兄亦敬愛之所歷义苦辭而後得去處族黨固丁

也妃黃氏年十二年辛葬亦同是山陽兩山焉 君生

於嘉定甲申以癸未年十一月五日卒享年六十若夫家

世其有刑澤义山卒三元誌 先祖墓可見繼目合爾神

神魂安居子孫昌吉於先世遺緒益有光焉則春秋祭祀

神珓享之謹告

八十五、元晏氏壙記　至元二十四年（1287）十月十六日

額正書三行：晏氏／孺人／壙記

　　大元至元二十四年□□十月十六日癸酉，葬孺人／晏氏於新淦縣斷□□□賢里佛塔岡之原。夫宋煥／為之記曰：孺人古今□□也。生於癸丑七月十四日／申時，歿於乙酉七月□□日巳時，享年三十有三。父／號敬齋，前國學進□□□氏，鐘愛此女，擇配不輕。以／丙子十二月歸□□□□孝，相夫勤，家道以振，婦德／足稱。生男垍□□□□□撫予前室之男增、均，女□二娘，如己所生。區畫□□□□長成。男增聘丁陂胡氏。女／適大港彭敬則，二事□□□□遐齡，花摧玉隕，慘塞吾／情。窀穸事重，爰卜□□□山崒崒，一水瀰清，昂龍蹲／虎，坐乙向辛，埋玉□□□我後之人。朞服夫宋煥謹記。

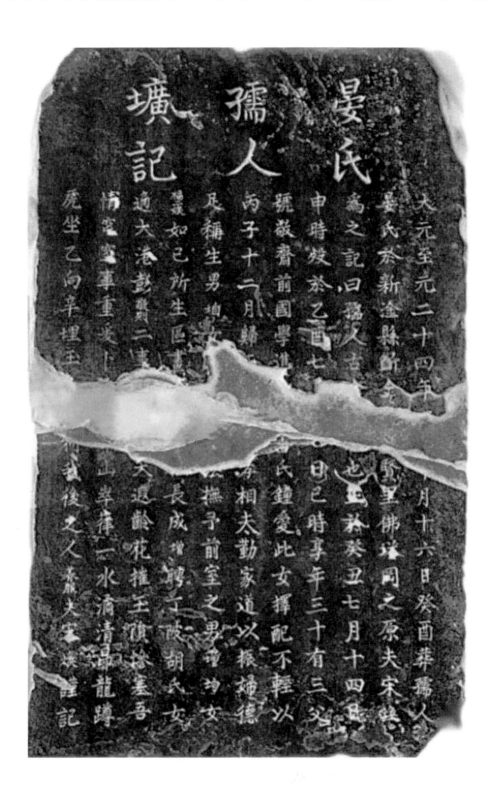

八十六、元成好德墓誌　元貞三年（1297）三月

大元故從仕郎、朝邑縣尹成公墓誌銘并序 /

安西路儒學教授賈諴撰并書，轀川完顏守淪題蓋。 /

成氏之孤佐奉其父功實行義為善狀一篇，因愚鄉人石君輔之繾□□ / 来告曰：「不幸，先君以是年二月八日卒，將以三月上旬日葬扵□□□ / 成家庄之先塋。所有刻辭，今願竊有請也。」愚始自北方來，識公扵□□□ / 先生之席，時已有該愽俏，後為吾道聞人。況籍占儒宮，躬服士行□□□ / 兄。聞命戚然，不暇以不敏辭。公早年從事王府，至元丁丑，啓奉 / 先王命，提領陝西等路司竹監事。長扵規畫，課有羨餘而民用昗。丁亥， / 勅授從仕郎、陝西四川行用寶鈔副提舉。簡而廉，直而無私，遂為同僚畏 / 服。辛卯，改朝邑尹，官如故。下車之始，首以崇明教，正風俗為事，創建文廟 / 扵邑之異方。聖儀賢像，粲穆可觀；階阤廊廡，咸遵典禮。鄉社有學，盧井有伍；農知有本，人知有教。未及終仕，俗變風移。肅政分司飛檄交薦，事聞於 / 臺，未及升擢而病已作。前期數月，備棺椁，治葬具，書遺命，託後扵表兄，委 / 家於其子。臨終，修飾器皿，整葺琴書、筆墨、玩好之屬，布置羅列，使得其宜。 / 至扵瞑目，未甞或亂。蓋公平日德性堅定，胷次洒落，不為外物所移。故以 / 之處事而事治之，以之臨政而民安，以之事親、齊家、讀書、教子，皆應其理。致 / 死生之際，安時而處順，哀樂不能入。《傳》曰：「夭壽不貳，修身以俟之。」公其有 / 焉。春秋四十有六。祖諱伯齡，有隱德。父龍虎衛上將軍、嵩州刺史兼安撫 / 使，諱天楫。公諱好德，佐其子也。銘曰： /

好德其名，義夫其字。幼而從學，長而歷仕。 / 莅事有方，必行其志。朝邑三年，化行鄉里。 / 入孝出悌，聞詩聞禮。庸叟愚隸，知有夫子。 / 地闢荒蕪，盜息姦宄。吏去滑佞，人消瘡痏。 / 羽檄交薦，聞望四起。何期一病，遽淹床底。 / 母孰爲養，子孰是倚。年未知命，可哀也矣。 / 義陽之鄉，松栢桑梓。刻石埋銘，用彰厥美。 /

元貞三年三月上旬日，孤子佐立，曾益刊。

八十七、元宋祚興李慧靜墓券　　大德三年（1299）十二月十三日

額正書：墓券

　　維／大元大德三年歲次己亥十二月朔越十三日庚申，孝男宋應詠同／姪若清等謹昭告于／烏質山神而言曰：惟我／先考省一朝奉存諱祚興，字安国，生於嘉定己夘正月十三日／未時。幼嘗附依南昌縣新義鎮致親程迪功處，于後就娶本鎮／李氏夫人名慧静。生於宝慶丁亥八月初一辰時，子女六人。於／乙亥冬因為丗故，應詠父母揭歸故里。母夫人不幸至癸未四／月二十三日丑時身故，於甲子十月初一日安葬于屋後山，今／先考又不幸於己亥十月二十八日申時身故，享年八十有一。／存日，已擇卜壽塋于烏質山之源。謹取今年十一月十九日，改／移母夫人與／先君同歸此山，坐甲向寅，及日辰皆依／治命。謹以是日奉柩合葬，惟冀／四山諸神朝環護衛，以妥我／先靈，以福我後人。春秋祭祀，其與享之。謹券。

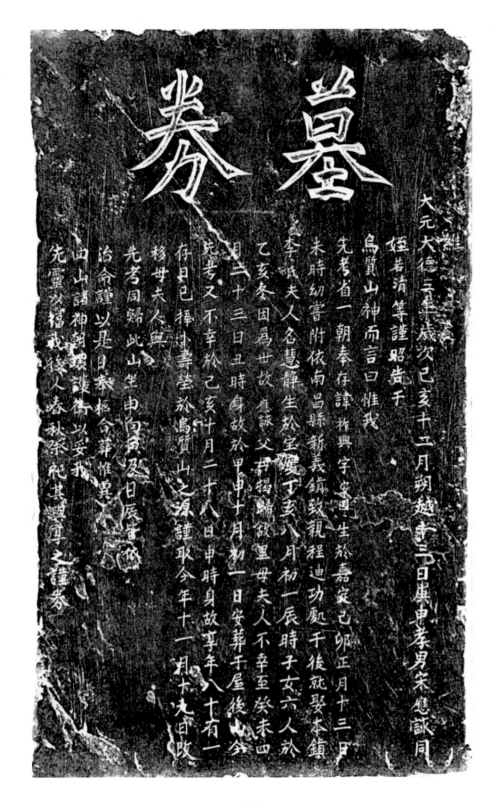

墓券

大元大德三年歲次己亥十二月朔越十三日庚申孝男宋惠諴同

經若清等謹昭告于

烏贇山神而言曰惟我

先考省一朝奉存諱祚興字□□生於嘉定己卯正月十三日

未時幼嘗附依南昌縣新義鎮致親程迪功勵于後就娶本鎮

李氏夫人名慧靜生於□□丁亥八月初一辰時子女六人於

乙亥冬因為世故進詠父母揭蝠故里母夫人不幸至癸未四

月□十三日丑時身故於甲申十月初一日安葬于屋後□□今

先考又不幸於己亥卅月二十八日申時身故享年八十有一

存曰己擇卜壽塋於烏贇山之源謹取今年十一月十九日改

穆母夫人與

先考同歸此山坐申向寅及日辰葬儀

山命謹以是日奉秘合葬惟冀人

四山諸神朝暮衛護以安我

先靈以福我後人春秋祭祀其尚享之謹券

八十八、元吳福四地券　大德四年（1300）十月十四日

額正書：地券

維／大元大德四年十月壬申朔越十有四日乙酉，孤子吳庭桂、／母李氏、出適女吳氏思敬、新婦曾氏、女孫隱弟百拜昭告于／後土尊神、此山山靈而言曰：嗚呼！／先考吳公福四宣義生於嘉熙己亥十月之丙午，年才六衮。／以不肖孤罪逆深重，不幸於去年正月二十四日禍延于公，／嗚呼痛哉！卜取今日窆于此中溪山之陽，其地坐甲向寅。尚／賴／爾神呵禁不祥，俾歿者妥其靈，存者昌而熾，皆／神之賜。春秋祭祀，敢忘報耶！謹告。

地券

維
大元大德四年十月壬申朔越十有四日乙酉孤子吳庭桂
母吳氏過廷長男思聰新婦雷氏女孫隱穿百拜昭告于
先考吳公福四宣義生泰慶順之歲十月
以不肖祇罹遠運下葬□華室□□三月二十四日楊□□□
嗚呼痛哉卜取今日窆于此中□□之陽其地坐東□□□□
賴
爾神呵禁不祥俾殁者安其靈存者當而□□
□之賜春秋祭祀敢忘報耶謹告

八十九、元李氏地券　至大三年（1310）十二月二十九日

額正書：地券

維／大元至大三年太歲庚戌十二月甲辰朔越二十九日壬／申，孤哀子范秉禮、承重孫范洪極等敢再拜謹昭告于南坑／后土氏之神曰：維茲山來自堯峯，分泒換脉，時聳站山，穿／帳起伏行度。自乙辰入首，借丙向壬，主峯端正。青龍蜿蜒，／白虎環抱。錦屏上纏，演山朝舞。鵠山崎左，株山列右。回顧／囘環，三関周密。夲宮禄水上乾會，左右護龍二泒，水源合／入子癸長流。幾世幾年，毓此精霖。鄉属大順，地曰南坑。功／慕科卜云吉兮，子以奉安人李氏靈柩安厝于兹。惟／爾有神，挩呵不祥，謹護其疆。用妥先靈，永錫後嗣。若即春／秋來展時思，／爾神其從與享之。謹券。

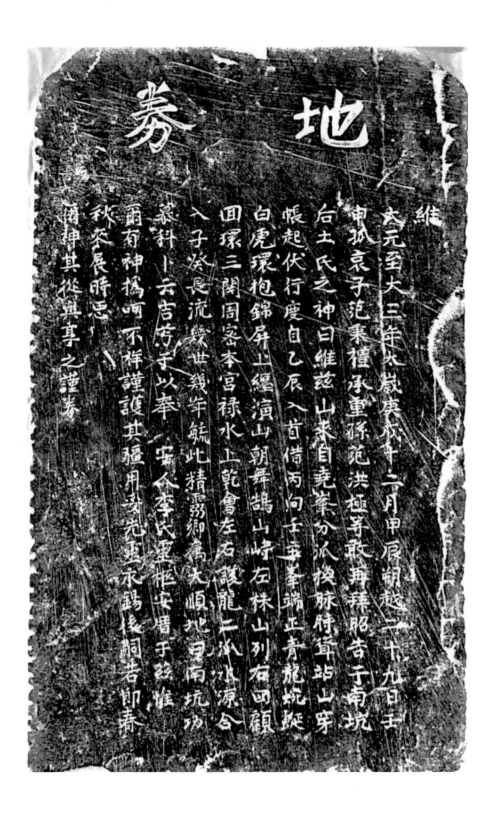

地　券

維
大元至大三年太歲庚戌十二月甲辰朔越二十九日壬
申孤哀子范秉禮承重孫范洪極等敢再拜昭告于南坑
后土氏之神曰維茲山來自堯峯分派換脉㑹茸站山穿
帳起伏行度自乙辰入首備丙向壬五峯端正青龍姚踋
白虎環抱錦屏山經演山朝舞鵲山嶂石株山列石回顧
回環三關周密本宮禄水上乾㑹左石護龍上水源合
入子癸恩流幾世幾年航此精爽弼卿禹大順地見南坑功
禄科一云吉穸于以奉　宋人李氏竁柩安厝于兹維
爾有神撝呵不祥謹護其疆用妥先靈永錫後祠者即壽
秋來展時思
備紳其從與事之謹券

九十、元黃氏壙記　至大四年（1311）九月八日

額隸書：壙記

先祖妣黃氏太君生於宋嘉定壬午七月二十六日，初居同鄉十九都竹溪里，／長歸于先祖聶公千二宣義諱琛字廷章。祖妣屇世，為善最樂，懿德粹然。行己／恭，齊家肅。待人謙和，起家勤儉。且年髙九十，兩被皇恩，優恤賜帛。鄉閭稱為／福人，而積善之報猶信。於至大四年七月初七夜，遽然即世。嗚呼！三月而葬，禮／也。然程子謂：地之美，則其神靈安，子孫盛。不辠乃得地於本里烏晴嶺之原，僉／曰土厚水清，允為吉藏。厥旣得卜，乃忍死奉柩歸于其居。式安且固，冀敷遺後／人休。世系：父宗顯，母吳氏。子男一，穎伯。俱隱德早逝。男婦盧塘楊氏。女三：□□／竹溪黃，復歸寧奉終；次適陂下張、小石城沈；次小早逝。孫男一，英發。孫□□□／黃氏。孫女二：長適長岡黃；次適城西李。曾孫男二：長□，娶上村黃；次□□□□／髙安桃岡席。噫嘻！先祖妣行實，縷數不能盡。謹摭其大槩及世次書□□□□。／大元至大四年辛亥九月初八日，鏡塘里判簿岡承重孫聶……

塘記

先祖妣黃氏太君生於宋嘉定壬午七月二十六日初居同鄉十九都竹□里
長歸于先祖聶先祖聶聶公十二宣義諱琛宇廷璋祖妣屆世為耆徹忠德□辭然行口
恭齊家庸待人謙和起家勤儉且年萬九十兩被皇恩俊恤賜帛卹閭歲輔人
福人而積善之報猶信於至大四年七月初七夜逝逝即世璟呼三月雨紫禮
也然擇子謂地之美則其神靈寅子孫盛不辜乃得地於本里烏睛塘之原矣
口土厚水清允角吉藏厥既得卜乃恩冠奉植歸于其尾氏安且圓美敬言
人休世系父宗顕母吳氏子男一顕伯佃德孠迺男姉盧塘揚氏女二
竹溪黃俊歸寧奉終次通陵下張小石城玼次小旱近孫男一類發孫
黃氏孫女二長通城西李曹孫男二其俊聖上村黃次孫
高安桃岡席喃喃先祖妣行實纏數不能盡謹撫其夬昧及口次
以元至大四年辛亥九月初八日鏡塘里川□□承重孫肅書

九十一、元何堯民壙記　延祐二年（1315）九月一日

額篆書五行：先君／何公／賢弍／居士／壙記

先君諱堯民，字斯道，家世撫之金谿河源何儒宗也。／曾祖漸，祖仲照，父遜。大母刘氏，品塘妹也。先君生平／好孝，卷不釋手，有志功名，奈滄桑變，如之何哉！初娶／黃，中道而逝。再續脛于仝邑田步張宅婦吳氏，生子／一人苻老。義男一，張吳老；義女一，妙真，舘同邑新田／黃大觀為婿。其處家，公私有條，恩愛如一。鄉閭間／友，上下藹如，人皆以老称之。先君生宋宝祐戊午九／月二十三寅時，卒於皇慶壬子四月三十，享年五十／五。嗚呼痛哉！今侍母親吳氏□以卒之後四年延祐／乙夘九月朔日丙午，奉柩葬于里之近地麻姑山。其／地坐壬向癸，水入宗廣。不孝不能丐銘于當代顯者，／姑述歲月，以納諸壙云。孝男何苻老泣血百拜謹書。

九十二、元劉柔正墓誌　延祐七年（1320）九月二十日

饒太君劉氏墓誌 /

太君諱柔正，古湿撫之崇仁，實為邑東劉景俊之長女也，/ 饒愈夫之妻。死之明年，其子元震兄弟銜哀為予言母治 / 葬有日，請記歲月于左。予忝在莩末，辭不獲已，敢不以誌 / 之。太君以孝敬事姑，勤儉教子女，克相其夫，家道以裕，睦 / 族敦隣，內外贊美。晚年日誦佛經，享年五十有八，亦可謂 / 賢德婦矣。太君生宋景定壬戌十一月十二日巳，歿元延 / 祐己未十二月二十五日丑。次年九月丙申，葬于長安鄉 / 三都地名羅柏坑之陽，背艮坐坤，實為美地。奉枢歸壙者：/ 男元謙，娶章；次元震，娶謝；次元升，蚤夭。女德姑適陳仲華。/ 孫男許生。孫女福姑、壽姑、許妹、聖姑。嗚呼！若太君者，其可 / 不謂之福人歟！姻生周汝克謹識。

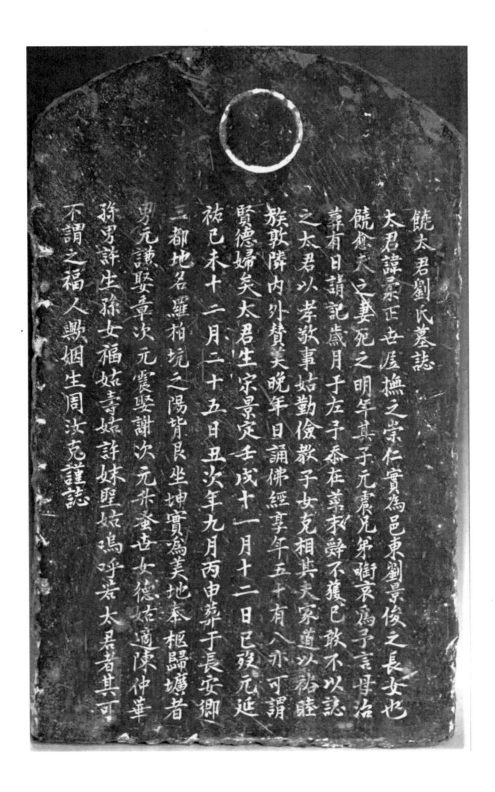

饒太君劉氏墓誌

太君諱柔正世居撫之崇仁實為邑東劉景俊之長女也

饒愈夫之妻宛之明年其子元震兄弟暬哀為子言母治

葬有曰請記歲月于左子忝在草求辭不以獲已敢不以誌

之太君以孝敬事姑勤俊教子女克相其夫家道以裕睦

族敦隣内外賛美太君晚年日誦佛經享年五十有八亦可謂

賢德婦矣太君生宋景定壬戌十一月十二日巳發元延

祐巳未十一月二十五日丑次年九月丙申葬于長安鄉

三都地名羅柏坑之陽背艮坐坤實為美地本柩歸壙者

男元謙娶章次元震娶謝次元炑娶世女德姑適陳仲華

孫男許生孫女福姑壽姑許妹聖姑鳴呼若太君者其可

不謂之福人歟姻生周汝克謹誌

九十三、元程盛墓誌　延祐七年（1320）十一月九日

額正書：故程公墓誌

先君程公文七承事墓誌／

先父諱盛，大父文志之長子也。本伊川之後，世居臨川長壽后／塘之南。先君生平謹願，勤于耕桑。隨世炎涼，與物無競。睦／族以礼，結姻皆賢。此數年間，方以家事委我。□月會誦經，／岊修後丗事。正期壽考百年，竟以疾逝，嗚呼痛哉！妻存。母／陳氏生男宗恪，妻艾氏；男宗敬，妻侯氏。孫麟孫。女二：長納貴／塘周夢昇為婿；次適南塘僥丗安。公生扵宋咸淳乙丑八月／十九日丑，終扵延祐庚申十月十三日。卜其年十一月初九甲／申日，奉柩祔葬于曾大父朝用之冢傍，坐庚山作甲向。／水繞山環，龍盤虎踞，有可取用。宗恪等痛惟眣畒／微生，不能丐銘于大手筆。謹攄歲月，而納諸幽。／孤子宗恪、宗敬泣血百拜書。

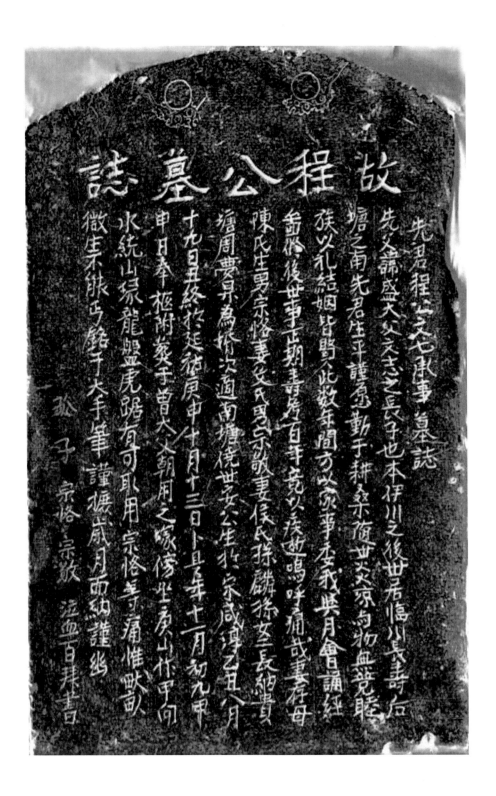

故程公墓誌

先君程公諱文七府事墓誌

先父諱盛大父文志之長子也本伊川之後世居臨川之壽所
塘之南先君生于謹愿勤于耕桑為宗族世父宗京為初無竞睡
族以礼結姻皆野此數年間方以家事委我興月會誦經
盖伜後世甲辰期青房百年竟以疾歿嗚呼痛哉妻存母
陳氏生男宗悟妻父氏曰宗敬妻侯氏孫麟孫女長納貴
殯周豐縣為作次過南塘堯世安公生扵宗咸淳乙丑八月
十九日且終於延徳庚申十月十三日卜其年十一月初九甲
申日奉柩附葬于曽大父朝用之塚傍坐庚山作甲向
水統山綠龍盤虎踞有可耴用宗悟筆謹壙咸月而紉謹幽
微生宗脈正路于大手筆謹壙咸月而紉謹幽

孤子
宗悟 宗敬 泣血百拜吉

九十四、元耶律世昌墓誌　泰定三年（1326）六月一日

誌蓋正書四行：元故安／西路耀／州尹耶／律君墓

大元故安西路耀州尹耶律君墓誌銘／

京兆盧惟善撰，劉大淵書。／

君諱世昌，字某，姓耶律氏，其先某州某縣人。系出遼东丹王，歷遼及金之／盛，族大以顯，詳著大墓之碑。伯祖阿海，材武絶倫。當／國初有佐命大功，位太師，封梁國王。仲弟禿花勳庸與兄等，授太傅、也可／那延、隨路兵馬都元帥兼陝西京兆路事、濮國公，某年薨。上用其兄子／猪哥襲職，即君之考也。母夫人李氏。兄弟五人，君最幼。當時一門為大官，／聲勢烜赫者甚眾。君獨恬澹好讀書，從名士張退庵游。為人恭而有礼，姁／姁然儒者也。至元三十年，陝西行中書省素知君雅德，時安西王得承／制拜官，乃言於王曰：「世昌，貴臣子，而能折節讀書，涵泳理義之正，行無／玷闕，可授以政，必能和輯其民。」王從之，即命知安西路耀州事。聞諸／朝會，病卒，年四十六。夫人石抹氏，其父萬夫長。既出大家，性復賢明，用勤／儉率下。有子七人，皆夫人所生，服膺慈訓，不墜先君之業。婦德母儀，望／尊九族。後君三十二年，當泰定三年四月初九日卒，年七十八。其子思敬／娶李氏，孫仲山奴，婦王氏；思聰娶夾谷氏，孫安僧，婦夾谷氏，孫女適河州／同知子袁鑰；思恭娶石抹氏，孫拜住，孫女二幼；思溫，勅授鞏昌寧州／等處打捕鷹房怯連口民長官，娶李氏、王氏，卒，再娶夾谷氏、畏兀氏，孫／男眾家奴，孫女適雲南行省都事子馮某，皆夾谷氏所出；思義早夭；思忠／娶商氏，卒，再娶石抹氏；思明，四川行中書省宣使，娶趙氏，孫女適故宣撫／使孫楊孜孟，趙氏卒，再娶石抹氏。諸子卜以是年六月初一日祔葬夫人扵／其先君之墓。思溫来請銘，予謂大凡受福多者，後必衰微不振，理勢然也。／若君者執德終身，而不試為善者疑之，而乃子孫眾多，皆篤扵孝敬，所謂／必復其始者將在是乎。

銘曰：／

天始祚遼，大啓土宇。國既云亡，諸孫孔武。梁濮乘時，／為聖朝輔。垂功竹帛，聯榮珪組。及君入官，／實以德取。享命不融，諸子何怙。煢煢慈母，撫我嬰孺。／三十二年，家政益舉。人會有終，克成礼祔。高原膴膴，／爰啓幽户。刻我銘詩，不替永慕。

大元故□西路耀州□□墓誌銘

君諱世昌字某姓耶律氏廬□某某撰
國初有佐命大功位至都元帥太師封梁國
那哥襲職即君之考也母□封□□李氏
猪然儒林者也言乃□至元君□十年陜西
年勢可授以軄□後君太人石貴臣氏
制鈞拜官後君年二皆夫人聽其生服膺其父
玭會丁病有孫三十六人仲山王子從而能折
朝闢率族孫思奴一皆夫人恭定二年四月初
僖知李氏族恭思遇連口氏思孫拜娶夾九日卒
男等□打捕鷹房弖怙住省官娶李氏王孫安
其□我家之姪娶趙女連行中書省宣氏谷氏幼思
聚妻楊盞趙氏卒丹娶石連思明氏諸川行皆卒再娶温
君者執之墓德思身而末再娶諸明抹氏夾氏
後君始□□祕墓思子□□□□□□□□□子
若其者為天始祚遭大啟土宇□諸功竹帛
愛啟幽三十二年實以德取家政輔聖朝不軱
三十二年□刻我銘詳□□□何□□□□□□

九十五、元張日昇墓誌　元統三年（1335）十一月二十七日

額篆書四行：先考／復軒／張公／□□

先考諱日昇，字復亨，世居清江之臨江鎮。大父仲信，／父文秀，母皮氏。生於至元甲戌年十一月十六日亥／時，早失怙恃，弟妹四人俱幼，撫育教成，如手如足。賦／性恬淡，不以勢力相尚。於經史釋老之學，常留意焉。／以忠厚治家律己，以勤謹教子訓孫。方期偕老期頤，／而享安寧之福。豈期至順壬申六月二十二日丑時，／奄乎棄背，嗚呼！子欲養而親不待，痛哉！先公配府城／沈氏，男二：長璠，娶楊氏；次瑛，娶陳氏。男孫元，娶彭氏；／次孫亨，聘湖山楊氏。俱先公擇配。幼孫福弟。女孫慶／娘、福娘。今卜 元統 三年歲次 乙 亥十一月二十七日 乙 巳，諸孤忍死奉柩安厝于新淦登賢鄉南原之孔／□□□□□向，水繞山環。靈其安此，以福我後人，亦／□□□□□□□□□□也。男璠與瑛泣血百拜謹記。

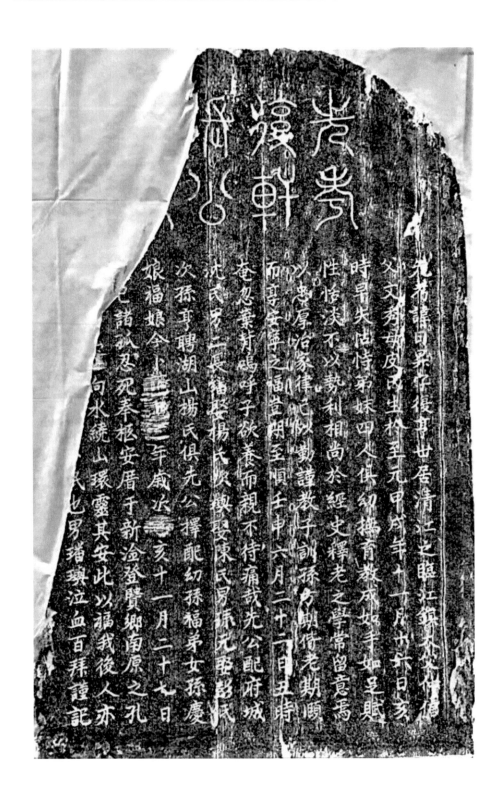

九十六、元咼氏壙記　後至元四年（1337）十月三十日

故咼氏太君壙記 /

吾母咼氏世居崇仁穎秀四十四都和順里，太君自帰我同鄉三十三都 / 父任庚甫家。平生稟性溫柔，夫婦勤儉，子孫恭敬，親隣睦族以和。父庚見 / 病未愈。吾母生男三人：長男顯祖，不幸先逝，娶廖氏；顯宗，娶王氏；顯榮，娶 / 丘氏。生女二人：長女一娘，適饒，不謂出適而逝；次女二娘，適陳福具。承重 / 孫復生，娶胡氏；保真，童婚丘氏。廖生禄孫、保生，年幼。女孫丙娘，適張益誠； / 月姑，適封以德；戌姑，適鄒記生；閑姑、住姑、玉姑、環姑，尚幼。太君何期 / 天年有限，福謝禍臨，一疾傾逝，嗚呼痛哉！生於宋甲戌年二月初三日寅 / 時，卒於丁丑年五月初九日。茲卜至元三年十月三十日丙申，安葬臨川 / 秀峯山前白泥坑。其地坐壬向丙，水帰未坤，以奉葬事。未暇求銘於當世 / 名士，姑敘大畧，以納諸幽云。葬前二日， / 歲次丁丑，孝男任顯宗等泣血謹書。

九十七、元萬氏壙記　後至元四年（1338）十一月三十日

額正書四行：先妣／萬氏／孺人／壙記

孺人萬氏，世家撫之臨川大橋，生而淑善優慈静專。歸相先君，克家／勤儉，姻族以和，中外無間言。寒灯夜組，故能助先人以大其家。一新華廈，／教子義方，賓客盈門，供饋愈謹，皆孺人力也。男二：元龍、元慶。女一，適何／天太。媳夏氏、楊氏。孫男六：継善、継祥、継祖、時英、継周、棣孫。孫女二：長適／曺；次喜姑。孫媳：夏氏、艾氏、鄧氏、艾氏、章氏。曾孫男：周孫、鸞孫、瑞孫、成／孫。曾孫女：玉姑、玉妹、申姑。孺人生宋淳祐乙夘十月十四，卒大元至順辛／未十月廿六，享年七十有七。以至元戊寅十一月庚寅，扶柩帰窆于屋之東／□□數武，坐寅向申。其地山水環揖，以佑我後人。姑述歲月，納諸幽云。／孤哀子于元龍、元慶泣血拜書。

先妣萬氏孺人壙記

九十八、元丘從貴墓記　後至元五年（1339）九月十七日

額正書五行：亾父 / 丘公 / 季八 / 承事 / 墓記

先父諱從貴，字㭿可。父有華，母鄭氏，世屁撫之臨川長寧七都 / 中營。生扵前宋癸丑十一月廿八日丑時。生平務本刌業，与吾 / 勤儉治家，惜吾母兮弗克偕耂。其後撫育子孫，家道日昌。欽承 / 元朝泰定寵賜帛被，皇恩以榮其身，恒産以給其家，和親睦 / 族，鄉里咸尊。子三人：伯椿取熊；伯海取廖，早世，續陳；幻関孫，早 / 世。女五人：長適金川梓林黃；次適湖北黃；三適大原官；四適小 / 邾崇；五適帶湖龔。孫男四：德明取王，早世；德昇、德高，取傅氏；德 / 勝。女孫六人。曾孫男延俚，曾孫女佛姑。莫年正奉歡庭闈，一疾 / 隕身，嗚呼痛哉！夲扵後至元己卯八月朔，享壽八十累六，終年 / 高矣！以是年九月十七日癸酉奉枢及瘗先妣楊氏棺，合葬于 / 本里望州嶺，卜祖壠之傍，坐戌向辰。淂其吉卜，不克匄銘扵大 / 手，姑纪歲月，以納諸幽。葵前三日，孤哀子丘伯椿等泣血拜書。

九十九、元舒一小娘地券　至正十一年（1351）三月七日

維大元至正十一年初七日，小石門里孝男／蘇漢用等以母親舒氏一小娘於至正八年五月／十五日戌時殁故。龜筮叶吉，相地維吉。宜於开州／路廣濟縣安乐鄉小石門里城中村周佃住基／為宅兆安厝，說用價錢九万九千九百九十九貫／文兼五綵信幣買地一段。東止青龍，西止白虎，南／止朱雀，北止玄武。內方勾陳，分掌四域。丘丞墓／伯，謹肅界封。道路將軍，齐整阡陌。若輒有／干犯訶禁，將軍亭長收付河伯。今以牲牢酒飯／其為信誓，財地交相分付。工匠修塋，永保无咎。／若違此約，地府主吏自當其禍。主人內外存亡，悉／皆安吉，急急如五帝主者女青律令。／見人東王公、西王母、蒿裏父老。書張堅固、李定杜。

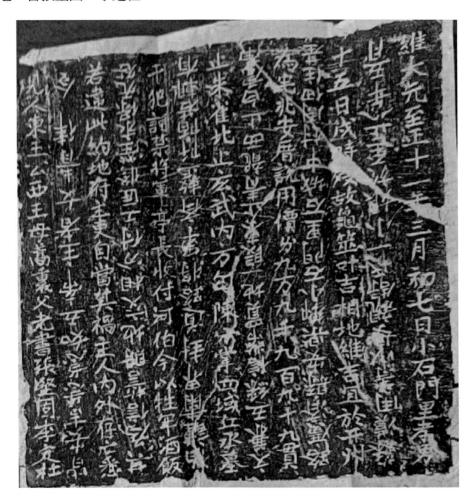

—157—

一〇〇、元淨公塔銘

慈照清慧大 / 師淨公之塔

參考文獻

1. 郭茂育、劉繼保編著：《宋代墓誌輯釋》，中州古籍出版社，2016 年。

2. 紹興市檔案局（館）、會稽金石博物館編：《宋代墓誌》，西泠印社出版社，2018 年。

3. 何新所編著：《新出宋代墓誌碑刻輯錄》（北宋卷），文物出版社，2019 年。

4. 何新所編著：《新出宋代墓誌碑刻輯錄》（南宋卷），文物出版社，2020 年。

5. 何新所編著：《新出宋代墓誌碑刻輯錄》（地券卷），文物出版社，2021 年。

6. 周峰編：《貞珉千秋——散佚遼宋金元墓誌輯錄》，甘肅教育出版社，2020 年。

7. 周峰編：《散見宋金元墓誌地券輯錄》，花木蘭文化事業有限公司，2021 年。

8. 周峰編：《散見宋金元墓誌地券輯錄二編》，花木蘭文化事業有限公司，2021 年。

9. 周峰編：《散見宋金元墓誌地券輯錄三編》，花木蘭文化事業有限公司，2022 年。

10. 周峰編：《散見宋金元墓誌地券輯錄四編》，花木蘭文化事業有限公司，2022 年。

11. 周峰編：《散見宋金元墓誌地券輯錄五編》，花木蘭文化事業有限公司，2023 年。